EXPLORE THE BILL

遇见钞票

庄铭国 卓素绢 著

龙門書局

图书在版编目（ＣＩＰ）数据

遇见钞票 / 庄铭国，卓素绢著 . -- 北京：龙门书局，2012.6

ISBN 978-7-5088-3737-6

Ⅰ . ①遇… Ⅱ . ①庄… ②卓… Ⅲ . ①纸币－介绍－世界 Ⅳ . ① F821

中国版本图书馆 CIP 数据核字 (2012) 第 129044 号

责任编辑：徐　烁	**责任校对：**仲济云
责任印制：张　倩	**封面设计：**熊猫装帧

龍門書局 出版

北京东黄城根北街 1 6 号

邮政编码：100717

http://www.longmenbooks.com

北京佳信达欣艺术印刷有限公司 印刷

科学出版社发行　各地新华书店经销

*

2012 年 7 月第一版　　　开本：B5（720*1000）

2012 年 7 月第一次印刷　印张：16 3/4

字数：100 000

定价：49.00 元

（如有印装质量问题，我社负责调换）

钞票的艺术世界

当你收到别人给的名片，你会先看哪里？对方的名字？职务？当你拿到国家的名片——"钞票"，你会先看哪儿？金额？图案？除了国旗、国徽外，货币也是一个国家的象征和代表，它甚至被视为国家的名片。一张钞票不仅是一个国家文化、历史与社会的缩影，也巧妙汇集了它的政治、经济、文化、艺术、地理与景观等方面的丰富讯息。

这将会是一场奇妙的艺术飨宴。在宴会上，你可能会遇到马可·波罗，不妨邀他同游西湖；也可能看见沙皇彼得一世，可以问问他对爬泰山是否感兴趣；如果你足够幸运，或许还会巧遇爱新觉罗·溥仪，此时可献上一幅桂林山水图，来场"交换名片"的游戏。现在，就盛装打扮赴宴去吧，一起体验时空交错的不可思议！

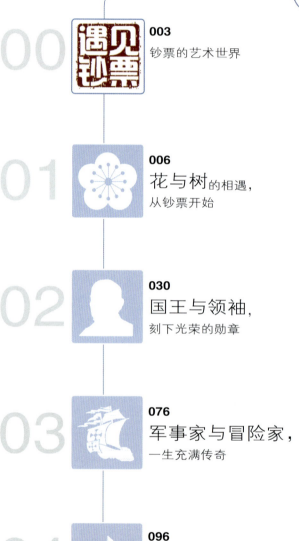

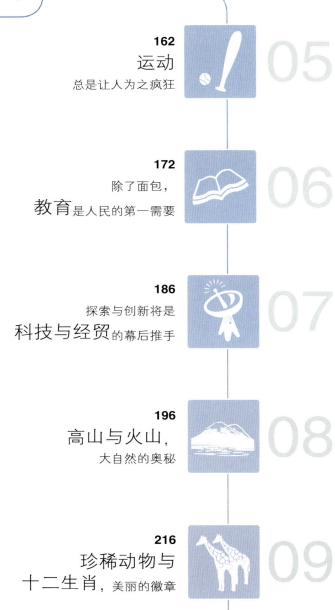

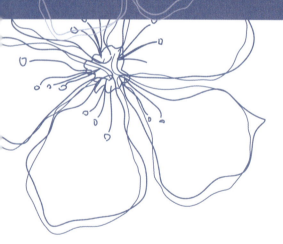

花与树的相遇，从钞票开始

从现在起，

花与树的意义不再肤浅，

答案将从单选变成多选。

世界各国的钞票五颜六色，煞是美丽，但在这美不胜收的图案中，最别具意义且最优雅的图案，莫过于钞票上的各种花卉图形了。这些花卉大多是代表一个国家的国花。通过花卉的图案，世人可以探知该国的人文精神。

来自异域的美女——兰花

兰花在中国素有"王者之香"的美称，新加坡、哥伦比亚、哥斯达黎加、巴西、贝里斯也都以兰花为国花。1981年4月16日，新加坡宣布以卓锦·万代兰为国花，东南亚人昵称其为胡姬花，指"来自异域的美女，令人陶醉"的意思。

卓锦·万代兰是为了纪念西班牙园艺师爱尼丝·卓锦女士而命名，有"卓越锦绣、万代不朽"之意。因为女园艺师的用心投入，才能培育出美丽的兰花。卓锦·万代兰作为新加坡的国花，也象征新加坡人民期许自己的国家能够卓越超群。

新加坡人甚至将胡姬花制作成独一无二的镀金饰品，除此之外，每年还将兰花大量出口到西欧、美国、日本、中国香港等地，赚取大量外汇，为新加坡带来极大的经济效益。新加坡印胡姬花的纸钞，面值分别为1元（图1-1）及10000元（图1-2）。

图 1-1

图 1-2

卓锦·万代兰的花瓣是淡雅的浅紫色，艳丽而高雅，其花瓣代表新加坡国内马来语、英语、华语、泰米尔语多种语言并存；雌雄合体的花蕊，象征幸福；袋形角隐喻着财富汇流。加上卓锦·万代兰的生命力强，更能传达新加坡人民即使在困难的环境下，仍具有勇敢跨越困境的意志力。

巴西、哥斯达黎加、哥伦比亚的国花都是一种非常迷人的兰花——"嘉德利亚兰"，也称"卡多利亚兰"，它是西洋兰花的代表。花名是为了纪念英国的珍奇植物收集家William Cattleya而来，因为他花费极大的心力，以人工栽培方式促使这种兰花成功绽放。

图 1-3

图 1-4

嘉德利亚兰能够艳冠群芳，赢得国花美名，除了它有硬挺的叶子和娇艳的花形外，更因为它的花语象征风韵华贵、出类拔萃。一到开花季节，它艳丽丰盈的色彩，总能吸引世人目光，令人驻足，其耐久不凋的特性，更代表着一个民族不轻易凋敝的意涵。

图1-3为哥斯达黎加的5元纸钞，右有两朵淡紫色的嘉德利亚兰；图1-4为科摩罗的500元纸钞，栩栩如生的粉红色兰花，占据了整张纸钞的版面，宛如一幅美丽的图画。

图1-5为委内瑞拉500元的纸钞，"五月兰"是其国花，生长在热带美洲，委内瑞拉有着"兰花之国"的雅称。

图 1-5

维纳斯的眼泪——玫瑰花

玫瑰花与蔷薇是美国、摩洛哥、坦桑尼亚、保加利亚、罗马尼亚、伊朗、叙利亚、伊拉克、英国、葡萄牙等国的国花，或许是因为它美丽高贵的外形，许多国家都以其为国花。

美国于1986年9月23日将玫瑰花定为其国花，认为玫瑰花具有和平、友谊、勇气、爱情及献身的含义，颇符合美国精神。

英国与蔷薇的渊源，可从1272年说起，当时的英格兰国王爱德华一世把蔷薇图案铸在王室的徽章上，从此蔷薇成为英国王室的标记。英国曾在1455年发生内战，即历史上非常著名的"蔷薇战争"，这是因为战争双方分别佩戴红色及白色蔷薇徽章的缘故。这场战争导致英国封建制度瓦解，自此建立了君主立宪的都铎王朝，为英国带来了日后经济与文化的兴盛。

100

CEM
ESCUDOS
100

100

100
BANCO·DE
PORTUGAL

100

CEM
ESCUDOS
100

Българска
Народна Банка
Аь 825906

50
ЛЕВА

БАНКНОТАТА Е ОБЕЗПЕЧЕНА
С БЛАГОРОДНИ МЕТАЛИ
И ВСИЧКИ АКТИВИ НА БАНКАТА

ЗА ПОДПРАВЯНЕ
ВИНОВНИТЕ СЕ НАКАЗВАТ
ПО ЗАКОНА

50

Аь 825906

1951

图 1-6

图 1-7

蔷薇的艳丽高贵，象征美丽与爱情；茎上的锐刺，象征严肃，衬托出英国的高尚贵族气质。

玫瑰花是葡萄牙的国花。在葡萄牙100元钞票的背面（图1-6），印有一朵鲜艳的橘红色玫瑰花，这朵玫瑰花乍看之下，宛如一个罗盘，就像是葡萄牙在航海时代航海图中标示的中心点，为葡萄牙人民指引美丽光明的方向。

保加利亚50元纸钞的正中央印着一幅女子采收玫瑰花的图案，全图透露出丰收的欢愉（图1-7）。

传说玫瑰花是爱神维纳斯的眼泪，芬芳的花朵充满了丰富的生命力，其丰润浓郁的香气，可以促使肌肤散发健康和甜美的妩媚气息。保加利亚盛产玫瑰花，玫瑰花在这里不只是观赏性植物，用它萃取而成的精油，为保加利亚带来了极高的经济利益。

2000公斤的玫瑰花瓣，只能萃取1公斤的玫瑰精油，因此，玫瑰精油的价格在国际市场上比黄金还高！萃取出来的玫瑰精油不能直接使用，必须经过稀释加工后才能使用。种植玫瑰花在保加利亚已有三百多年的历史，它已成为保加利亚的象征之一。

吉利的象征——百合花

尼加拉瓜、古巴、法国、智利、罗马尼亚的国花都是百合花。17世纪，法国武士作战的盾牌上都刻有百合花图案，在法国文豪大仲马的巨著《三剑客》中，也将百合花视为吉利的象征，隐喻着武士们有朝一日能沙场凯旋，所以法国人将百合花视为国花。

智利的国花是戈比爱百合花。一直流传着这样一则令人动容的故事：16世纪，智利阿拉乌干部族在民族英雄劳塔罗的领导下，与西班牙殖民者展开斗争，正当侵略者即将败北时，却因一场内讧，使劳塔罗和他的3万名战士惨遭敌人埋伏，全部战死沙场；隔年春天，在战士牺牲的土地上，开遍了红色的戈比爱百合花。智利人民认为，这是因为英雄的鲜血感召，大地才会开出如此红艳的戈比爱百合花。

200年后，有人在智利看到戈比爱百合花，为其炫目的色彩大感惊艳，进而把它移植到法国，但不论如何细心照顾，花朵却总是枯萎，智利人民因此对戈比爱百合花更加珍爱。戈比爱百合花的花期很长，从早春到冬至，鲜艳不败。一簇簇火焰般的美丽花朵，反映出智利人民鲜明坚强的民族性格，更是智利人民争取独立自由的象征。

尼加拉瓜的10元纸钞（图1-8）及罗马尼亚的1000元纸钞（图1-9），上面都印有百合花图案。

图 1-8

图 1-9

印加魔花——向日葵

　　向日葵的英文名字是sunflower，即太阳花，原产于中美洲、秘鲁。秘鲁将向日葵定为国花，除了因为秘鲁是向日葵的故乡，还与一个传说有关：公元12世纪，曼科·卡帕克率领一群人往日出之处出发，最后在秘鲁高原创建了印加帝国。印加帝国指的即是"太阳的子孙"。另外，玻利维亚及俄罗斯也都尊向日葵为国花。

　　在秘鲁，向日葵用来供奉神灵，也作为女祭司胸牌、发冠上的装饰。向日葵也被称为"秘鲁黄金花"，每年为期9天的"太阳节"，更以向日葵为主要花卉。他们赞誉自己的国家为"太阳国"，称向日葵为"印加魔花"、"迎阳花"，秘鲁人甚至将本国的货币称为"太阳币"。图1-10为秘鲁的10元纸钞，以向日葵丰收的景象，来代表秘鲁的生生不息。

荷兰的50元纸钞上也印有美丽的向
日葵图案（图1-11），黄澄澄的色彩极
度鲜艳夺目，如同一张美丽的明信片，
一点都不像是流通的货币，这在世界各
国所流通的纸钞中是比较罕见的。

图 1-10

图 1-11

「花」非「花」，

「树」非「树」，

原來花有所指，

树也有所喻！

zonneblo

de nederlandsche bank

vijftig gulden

图 1-12

无穷花——木槿

　　韩国的国花是木槿，花期很长，从春天开到秋天，一朵花凋落后，其他的花苞会连续不断地开，因此又名"无穷花"。韩国以木槿花的这种特质，来代表大韩民族历尽磨难而矢志弥坚的民族性格。而其洁白的花瓣象征韩国人诚实廉洁的品格，粉红色的蕾心则代表其热情积极的民族性。

　　图1-12为朝鲜的200元纸钞，在纸钞的正中央有三朵美丽的杜鹃花，象征朝鲜族的长久繁荣。

　　图1-13为韩国的1000元纸钞，人像背后的"明伦堂"左上角即为木槿花。

图 1-13

图 1-14

美丽的三月雪——樱花

日本有"樱花之国"的美称，而"木花开耶"意即樱花。1000多年前，有位名为"木花开耶姬"的美丽姑娘，从日本的冲绳出发，到达北海道，把象征爱情和希望的樱花撒遍各地。自此，春天一到，有樱花的地方都能为人带来希望。

樱花花开，开始只是数朵，当天气暖和时，满树樱花便瞬间盛开。日本有"樱花七日"的谚语，是说樱花的花期很短。日本人喜欢樱花的纯洁典雅，更欣赏它那毫不迟疑的开谢过程。武士将樱花的瞬开瞬落当做"视死如归"的气概，败北的武士会选择在樱花树下切腹自尽。在日本人的观念里，人生和樱花一样短暂，生与死都应该是一场轰轰烈烈的事迹。

樱花是日本民族的骄傲。日本人民认为樱花具有高雅、刚劲、清秀质朴和独立的精神，它同雄伟的富士山一样，是勤劳、勇敢、智慧的象征。图1-14是日本的1000元纸钞，钞票的左上方是富士山，而左下方则是日本国花——樱花，两者都极富日本精神。

复活之神—莲花

泰国、孟加拉、斯里兰卡、埃及的国花都是睡莲，睡莲是世界最早的被子植物之一。文献显示，睡莲已有1亿5千万年以上的历史。睡莲可依开花时间分为两大类，有清晨开花、下午合上的昼开睡莲，也有晚上开放，到隔天上午合上的夜开睡莲。古埃及、古印度文化中都有关于睡莲的记载。

古埃及人将莲花当成亲友互赠的物品，也将莲花刻印在日常用品上，作为一种美丽的饰物，甚至帐篷布面、屋宇墙垣和柱子都有莲花图案。古埃及人认为莲花出淤泥而不染，花香淡雅悠远，是神灵之花，更是"复活之神"，能让人起死回生，因此木乃伊身旁都会放置莲花。根据古埃及的传说，莲花代表爱情忠贞，智慧之神托特的妻子埃赫·阿慕纳曾献一束莲花给丈夫，以表示她忠贞的爱情。

下图是孟加拉的1元纸钞（图1-15），纸钞背面的圆形图案中有一朵在水中盛开的莲花。

图 1-15

图 1-16

史上最具影响力的植物——罂粟花

罂粟花别称鸦片花、大烟花，又因其种子形似米状而称为米囊花。罂粟原产于欧洲，在唐朝时经由阿拉伯人进贡而传入中国。它的学名为papaver，其词首pap在拉丁语中有"会分泌乳白色树液的植物"之意。somnus是拉丁语中罂粟花的学名，也是罗马众神中的睡眠之神——索莫纳斯，这应该是因其乳汁含有极强的麻醉作用。罂粟花的花语是"死亡之恋"，美丽而又致命，就好像爱情。花有其药用价值，罂粟传入中国后，即以药草植物为人所栽植，大多用来做止痛、止泻和润肠剂之用。

图1-16为马其顿共和国的500元钞票，其上的图案是曾用于制造鸦片的罂粟花，主要是彰显该国国王亚历山大大帝于公元前332年征服西亚的丰功伟业，他将罂粟与鸦片传入波斯与印度，使之成为历史上最具影响力的植物之一。

图 1-17

篱笆树——金合欢

金合欢的英文名是Sweet Acacia，金合欢属的植物多达700种，澳大利亚人通称为金合欢树。金合欢有羽状复叶，花丝细长，花季一到，满树簇集而生的花苞就像金黄色的绒球。金合欢是一种高经济价值的树种，其花朵可提炼成芳香精油，是香水或化妆品的原料，花朵晒干后可制成花茶；果荚、树皮含有单宁，可作为染料；茎中流出的树脂可供药用；根部长有根瘤菌，可增加土壤肥沃度。

金合欢又被昵称为"篱笆树"。因为在澳大利亚首都堪培拉市，家家户户都用金合欢树做成篱笆，每逢花季，一片金黄翠绿的花海立即成为屋前美景。1981年9月，在澳大利亚悉尼市召开的第十三届国际植物大会上，主办单位以一枝娇艳的绿色金合欢作为大会象征，不论是发给贵宾的纪念品、论文摘要或日程表，甚至连工作人员的服装上都有金合欢的图腾。

澳大利亚5元钞票的正面是伊丽莎白二世，肖像的左方即为澳大利亚国花——金合欢（图1-17）。

夏威夷女郎的最爱——扶桑花

扶桑花是马来西亚的国花，当地人称之为"大红花"，花朵鲜艳夺目、姹紫嫣红，内五瓣，外五瓣，喜欢日照充足的环境，是典型的热带花卉。扶桑花适合摆设于客厅及入口处，也是美国夏威夷的州花，夏威夷女郎常将其佩戴在耳朵上，更添妩媚动人。

图1-18为马来西亚的50元钞票，醒目的红色扶桑花让人为之惊艳。

图 1-18

除了美丽的花朵可以象征一个国家的精神含义，雄伟的树木亦可代表国家的精神象征，我们姑且称它为国树吧！例如，黎巴嫩的国树是雪松，印度是菩提树，墨西哥是仙人掌，加拿大是枫树，新西兰是银蕨，缅甸是柚木，马达加斯加是旅人树。

自由的名义——棉花树

图1-19为非洲塞拉利昂共和国的10000元纸钞，钞票上印有非洲狮子山上的国树——棉花树（cotton tree）。棉花树是塞拉利昂的国树，该树矗立在塞拉利昂首都弗里敦（Free town）的市中心，象征着自由，棉花树树龄很长，它见证了塞拉利昂摆脱殖民统治的历史。

图 1-19

心上之树——仙人掌

神秘多刺的仙人掌，是墨西哥的国树。走在墨西哥的大街小巷中，随处都可看到仙人掌，或是与仙人掌相关的生活用品，因此墨西哥素有"仙人掌王国"的美称。

墨西哥有一则关于仙人掌的故事：多年前，异族入侵墨西哥，一位母亲被杀，深受丧母之痛的儿子为了替母亲报仇，却不幸被捕，心脏还被挖出来丢弃在地上，不料这颗心却长出一大片仙人掌，故事中的母亲象征墨西哥，而仙人掌则代表着墨西哥人威武不屈的气魄，所以，仙人掌在墨西哥人心中有常青不凋的含义。在墨西哥的国旗、国徽和纸钞上，都绘有一只雄鹰，它叼着蛇，并傲踞于仙人掌上。图1-20正是墨西哥的5元纸钞。

图 1-20

上帝之树——雪松

在黎巴嫩的国旗、国徽、纸钞中都挺立着一株绿色大树，这就是黎巴嫩的国树——雪松。黎巴嫩100元纸钞的背面印着一片雪松林（图1-21），正中央的这棵雪松树干粗壮挺直，树冠是三角形，像尖塔的形状，秀丽中更显刚劲肃穆。

黎巴嫩雪松（Cedrus Libani）是常绿乔木，树形高大，在黎巴嫩人民心中占有极重要的地位。黎巴嫩是地中海东岸的山中小国，境内多山且常年积雪，这里山高雾浓，适合雪松生长，所以古埃及人把黎巴嫩山区称为"雪松高

图 1-21

原"。在首都贝鲁特附近的雪松公园，可以欣赏到雪松的苍劲挺拔。这座公园位于海拔2000多米的山顶，园内遍植雪松，其中6000多年树龄的雪松有数10株之多。《圣经》中把雪松称为"植物之王"，古代的腓尼基人则认为雪松是上帝所栽种的植物，因此称它为"上帝之树"或"神树"。

雪松也是上等的建筑材料之一，它的木质坚硬、纹路美丽、抗腐性强、耐虫咬，具有淡淡的清香。在古埃及、亚述、以色列、古巴比伦的宫殿和神庙里，都可以见到雪松的踪迹。雪松也是造船的上好木料，腓尼基人能航海到各地经商，除了有丰富的航海知识外，或许也和他们使用雪松造船有关。雪松坚牢的木质，令大海航行更有保障。根据史料记载，在公元前2500多年前，古埃及人建造的一艘著名的太阳船，就是用雪松建造的。此外，雪松还参与了古埃及人的宗教仪式，从考古史料中发现，作为法老殉葬用品的船只和船桨，都是用雪松制作而成，因此雪松也被称为"死者的生命"。

图1-21为黎巴嫩的100元钞票，钞票上的雪松反映了黎巴嫩人民挺拔强劲的民族特性。

国王与领袖，刻下光荣的勋章

有人只当了三年的皇帝，

有人则以女流之姿开疆辟地，

也有人用绝食换取自由的意义，

更有人抛开顾忌，让政权和平转移，

借由钞票这个场地，记录这些历史大戏。

抑郁而终的"独立之父"

苏加诺（Bung Sukarno，1901—1970）是印度尼西亚的国父，也是该国的第一任总统。1926年，他提出了著名的"三元"（民族主义、伊斯兰教、马克思主义）联合理论，以此作为团结各政治团体的最高指导原则。1945年8月17日，印度尼西亚宣布独立，苏加诺出任印度尼西亚共和国第一任总统。执政期间，他倡导"纳沙贡"(NASAKOM，印尼语中民族主义、宗教和共产主义三个词的词头），以求在印尼实现民族主义、宗教信仰和共产主义的团结。

　　苏加诺外表潇洒，善于演说，其公开的演讲极具感召力。关于他的私生活也有各种逸闻和故事，传说他至少结过6次婚。在大型群众集会中，他是万众瞩目的英雄，却不善治国。在其主政时期，印度尼西亚政局动荡、经济不景气，政府对经济问题束手无策，民间矛盾激化，最终爆发了严重的政治危机。最后，他在外国势力和印度尼西亚右翼势力的胁迫下黯然下台，遭到软禁，抑郁而终。

　　图2-1为印度尼西亚500元纸钞，即以苏加诺为主角，以感念他对印度尼西亚的贡献。

图2-1

图 2-2

"华印巫联盟"的首胜为独立奠基

东姑阿都拉曼（Tunku Abdul Rahman，1903—1990）为马来西亚的国父，他耗费半生心力，才让马来西亚脱离英国的统治而独立。

历史上，马来半岛曾历经葡萄牙、荷兰、英国、日本等国的殖民统治。英国于1950年允许马来西亚实施地方议员选举，一直到1955年，马来西亚才正式举行了全国大选。由东姑阿都拉曼所领导的"华印巫联盟"获得胜利，东姑阿都拉曼因此成为马来西亚第一任首相，继续带领马来人奋斗，终于在1957年8月15日，马来半岛的十一州正式与其宗主国——英国协议独立，从此脱离英国统治，享有真正的独立。

图2-2是印有东姑阿都拉曼肖像的马来西亚1元纸钞，显示他在马来人心中的重要地位。

印有胡志明雕像的明信片，他是越南人民心中的大英雄。

一生颠沛流离，只为越南独立

　　胡志明（Ho Chi Minh，1890—1969），原名阮必成，在参加革命的初期改名阮爱国。1858年，法国军队入侵后，越南沦为法国殖民地。1941年，胡志明成立"越盟"对抗法国政府，因一再被压制，而转为地下活动，他不久后逃离越南。第二次世界大战时，日本利用法国军败逃之际趁机占领越南。1944年，胡志明潜回北越，发动民众成立武装游击队。日本投降后，宣布越南独立，接着越南民主共和国临时政府成立。不久后，法国再次攻陷越南的河内，胡志明被迫逃入山区藏匿。

　　1954年，越南共产党终于打败法国，取得最后胜利。日内瓦会议达成协定，以北纬17度将越南分隔为南越、北越；北方为胡志明领导的越南民主共和国，南方为吴廷琰领导的越南共和国。

　　胡志明为越南的独立贡献了一生，越南的1000元纸钞上印着他的肖像（图2-3），越南人民也以"国父"来尊称这位民族英雄。

图 2-3

图 2-4

政治与宗教的混乱斗争

穆罕默德·阿里·真纳（Muhammad Ali Jannah，1876—1948）以毕生精力创建了巴基斯坦，是巴基斯坦民族独立运动的领袖，也是巴基斯坦首任总督及第一位总统，他的生日更是巴基斯坦的国定假日。

巴基斯坦于1947年建国，一切从零开始，当时有可能朝着两个不同方向发展：其一，成为民主国家；其二，成为一个伊斯兰酋长国。最后，巴基斯坦既没有成为民主国家，也没有成为神权国家或是永久的军事专政，它的政治发展过程反而变成一部残酷的斗争史。有许多反对者认定巴国今日的混乱是因为真纳没有在关键时刻当机立断，作出明确的选择，甚至试图将两者混为一体，因而引发了政治、法律和宗教的混乱场面，造成巴基斯坦的现状。

巴基斯坦的纸钞上几乎都印着穆罕默德·阿里·真纳的肖像，图2-4是巴基斯坦的100元纸钞，纸钞上的人物即是这位颇具争议性的领袖。

天才战术家的革命思维

土耳其在中世纪曾为雄霸一方的奥斯曼帝国，到19世纪末却沦为西方列强瓜分的殖民地。在这混乱的时期，穆斯塔法·凯末尔·阿塔蒂尔克（Mustafa Kemal Ataturk，1881—1938）组织一群青年军团，倡导革命思想，却不幸遭人密告而被捕。1907年，凯末尔脱离监控的生活后，发展青年土耳其党，在第一次世界大战时，展现了卓越的军事才能，被称为"天才战术家"。他打败当时协约国所带领的同盟军队，解放了国家并建立了现今的土耳其共和国。1923年，土耳其共和国成立，凯末尔当选为共和国第一任总统。

凯末尔担任总统后，实行一系列政治、经济和社会改革，使土耳其的民族复兴之路渐趋平坦，他让土耳其成为现代化和世俗主义的国家。土耳其国民议会为表扬凯末尔的巨大贡献，授"阿塔图尔克"为其姓氏，意思是"土耳其之父"。在土耳其民间传说中，凯末尔逝世后转世为一只耳聋的白色安哥拉猫。

下图是土耳其10万元的纸钞（图2-5），上面印着凯末尔的肖像，铭刻其伟大贡献。

图 2-5

世界民主的先驱者

乔治·华盛顿（George Washington, 1732—1799）被誉为"世界民主的先驱者"，也是第一个现代民主国家的首任总统，被尊称为美国国父。华盛顿领导美国大军在1775年7月参加独立战争，他为美国人民取得民族独立后，便功成身退放下军权，返家务农。

1789年，华盛顿当选为美国第一任总统。1796年9月17日，他发表了感人的《告别词》，要人民以国家利益为重，不要再卷入不必要的战争，他还表示不再出任总统，成为美国历史上摒弃终身总统制，和平转移权力的典范。

美国联邦党国国会议员亨利·李称赞华盛顿："他是战争中的第一人，和平中的第一人，他的同胞心中的第一人。"美国的1元纸钞上保留着华盛顿的肖像（图2-6），表达全美上下对华盛顿的尊敬与爱戴。

图 2-6

图 2-7

拉丁美洲最伟大的英雄

委内瑞拉位于南美洲北部，为南美洲的第六大国。委内瑞拉历经几次分崩离析后，于1821年获得独立，这一切都要感谢被誉为"拉丁美洲最伟大的英雄"的西蒙·玻利瓦尔(Simon Bolivar，1783—1830)。是他带领人民对抗西班牙侵略者，并且与哥伦比亚、厄瓜多尔共组大哥伦比亚共和国，不久，委内瑞拉在1830年退出共和国，真正地实现独立。

图2-7是委内瑞拉的5元纸钞，左侧为西蒙·玻利瓦尔的肖像，右侧是其最得力的军事指挥官安东尼奥·乔斯德·苏克雷的肖像，苏克雷被授予"阿亚库乔大元帅"称号，并曾就任玻利维亚共和国第一任总统。

图 2-8

驱逐侵略者的胡亚雷斯

以阳光、热情闻名的墨西哥，曾经是美洲大陆的文明古国，在16世纪西班牙人登陆前，为印第安阿兹特克帝国所统治，当时的帝国拥有先进的天文、历法与建筑技术，直到如今，我们仍可在墨西哥国土上发现当时的文化遗迹。

实际上，墨西哥人民争取独立的过程，是一部坎坷又辛酸的血泪史。历经西班牙的高压统治后，墨西哥人民在1810年，为了争取独立，曾经和西班牙殖民者进行一场独立战争，但是独立后的墨西哥，其国土面积却渐渐缩小，有些土地还被廉售出去，或直接割让给美国。19世纪60年代，墨西哥又被法国军队占领，幸好在墨西哥英雄贝尼托·胡亚雷斯（Benito Juarez，1806—1872）的领导下，墨西哥人民终于一举赶走了侵略者，从此获得独立，而胡亚雷斯也被尊为墨西哥国父。

图2-8为墨西哥的20元纸钞，纸钞右边印着胡亚雷斯的肖像，以纪念他为墨西哥所贡献的一切。

造就三个独立国家的英雄

圣马丁(San Martin，1778—1850)是阿根廷、智利和秘鲁三国的共同国父，是一位特别的英雄。他的父亲曾任亚佩尤的副都督，圣马丁14岁时前往西班牙学习军事，学成后经英国再回到出生地阿根廷拉普拉塔市的亚佩尤，之后他一举推翻西班牙殖民政府，更解放了阿根廷，让阿根廷在1816年宣告独立。

稍后，圣马丁再整军攻下今天智利的首都圣地亚哥，也解放了智利。依照过去历史战争的惯例，被征服的领土是要被并吞的，但圣马丁是一个心胸宽阔的伟大英雄，他不但没有吞并智利，还花费不少心力扶植其独立，让当地居民得以呼吸自由民主的空气。

接着圣马丁从智利组成舰队往北方远征，在远征中又解放了秘鲁，再次缔造了另一个新兴独立的国家。圣马丁因此成为阿根廷、智利和秘鲁三国共同的国父。下图是阿根廷的5000元纸钞（图2-9），上面印着圣马丁的肖像，以感念他造就了三个独立自主的国家。

图 2-9

甘地

将甘地捧在手心上的印度

　　甘地是印度民族解放运动的伟大领袖，也是"甘地主义"的创立者。甘地一生饱经忧患，他出生时，印度正处在被英国统治的惨烈环境下。甘地生长在一个虔诚的印度教家庭，全家人信奉仁慈、茹素、苦行的教条。甘地19岁时，冒着被开除种姓身份的风险，远渡重洋，负笈英国伦敦求学。

　　在印度全民反英的激烈形势下，甘地率先发动群众，抵制殖民政府设立的立法机构、法院、学校、封号与洋货，发起"非暴力不合作"运动。之后，扩大为全民反帝国主义。甘地一生都为维护印度统一而不懈努力，最后却只能接受让印度分治。印度独立后，甘地虽然获得印度人民和国大党的推崇，他却因大权旁落，非暴力理想被束之高阁。印度分治后，宗教仇杀让印度陷于更混乱的局面。

甘地利用自己的威望与绝食运动平息了教派仇杀，却死在一位狂热印度教徒的枪口下，成为教派冲突的牺牲品。

印度的钞票上大多都印着甘地的肖像，图2-10的500元纸钞就是其中之一。因此，我们也可以说广大的印度民众是以另一种形式将这位印度国父捧在手心上。

图 2-10

在位仅三年的末代皇帝

中国最后一个皇帝是清朝的宣统皇
帝溥仪（1906—1967）。溥仪一生历
经传奇，因为慈禧太后和光绪皇帝同时
生重病，为防权力重心转移，才立三岁
的溥仪为帝，但三年后，辛亥革命爆
发，清帝国瓦解。几经辗转，长大成年
的溥仪被分派到中国科学院植物研究所
的北京植物园工作，后调入文史资料研
究委员会任专员，1967年病逝于北京。

图 2-11

溥仪只当了三年的皇帝，在这期
间，清朝政权全由他的父亲摄政王载沣
把持，载沣虽然每天召见大臣商讨国
事，亲自批阅章奏，但当时的局势内忧
外患，他始终无法施展力量，清朝也迅
速凋零。

图 2-12

1910年（宣统二年），清政府为
统一全国币制，决定印制大清银行兑换
券，并重金礼聘美国雕刻技师负责设
计。这是中国第一次采用钢凹版印刷设
备印钞。此套大清银行兑换券数量非常
少，民间更为罕见。

图 2-13

图 2-14

　　上图四张都是清代的纸钞，每张纸钞的面额都不同，分别为100元（图2-11）、10元（图2-12）、5元（图2-13）、1元（图2-14），上面都印有皇帝溥仪的父亲载沣的肖像。从上图几张钞票的色泽、设计中，可看出载沣对钞票的印制及发行花了不少心思。

巴列维王朝图腾

感情与政治生活一样精彩的巴列维

礼萨·巴列维（Reza Pahlavi，1919—1980）是伊朗君主制的最后一任国王，他曾在英、美等国接受西方教育，1941年登基为王。他统治伊朗期间，自英国手中拿回石油开采权，使伊朗石油国有化，并进行了一连串的经济和社会改革的"白色革命"，以期让伊朗步入现代化国家之林，书写了许多重大政绩。

但在，礼萨·巴列维因为个人生活太过奢华，加上他敌视伊斯兰宗教势力，引起了底层民众和伊斯兰教徒的不满，因而爆发了反对王室的抗议行动。1979年1月，整个王朝被推翻，礼萨·巴列维被迫逃亡美国，翌年7月27日，病逝于埃及的开罗。

巴列维一生娶了三位妻子，分别是埃及公主茀丝亚(Fawzia bint Fuad)、伊朗望族之女苏瑞亚(Soraya Esfandiary)和法拉赫·帝巴(Farah

图 2-15

图 2-16

Diba)。意大利导演将他与挚爱的第二任妻子维新伊朗的事迹及两人
的爱情婚姻故事拍成电影《苏瑞亚：悲伤的公主》。

　　上图是伊朗20元纸钞，钞票的正面（图2-15）与背面（图2-16）
都印有这位英俊国王的肖像。

最具西化远见的彼得大帝

彼得大帝铜像

俄国最具西化思想和远见的沙皇是彼得大帝（1672—1725），他所制定的西化政策使俄国一跃成为一个世界强国。在1700年前后，大多数人对实现西方化的好处还认识不清。彼得大帝的意义就在于他能够提前200年认识到使国家西方化和现代化的重要性，俄国虽然在他登基前还十分落后，但是却迅猛发展，赶超了世界上的大多数国家。这也抑制了土耳其在东亚地区的版图扩张，可以说，彼得大帝的先见之明改变了历史格局。

图 2-17

　　彼得大帝仪表非凡、高大魁梧，精力充沛，潇洒爽朗。但他时常发脾气，饮酒过后常大发雷霆、失去理智，也因此彼得虽然在政治和军事方面极富才能，但私生活方面却留下诸多遗憾：彼得结过两次婚，17岁时经历了第一次婚姻，只与新婚妻子共同生活了一周，随后将其送进修道院，虽育有一子亚历克西斯，但父子关系恶劣，亚历克西斯在1718年被捕入狱，最终死于狱中。彼得的第二任妻子，系出身寒微的立陶宛女子凯瑟琳。1725年年初，彼得大帝去世后，凯瑟琳竟然继承了沙皇的帝位（与后来的凯瑟琳大帝并非一人）。

　　这张500元面值的俄国纸钞，长29厘米，宽13厘米，是世界上最大的钞票（图2-17）。

图 2-18

以女流之姿再造帝国巅峰

凯瑟琳二世（1729—1796），原是德国北部小邦的公主，通过两国联姻政策，于1744年嫁给俄罗斯王储彼得三世。她在丈夫即位一年后，便发动一场惊天动地的宫廷政变，将其取而代之。她在位34年，杰出的政治成就常被拿来与彼得大帝相提并论，在历史上被称为"凯瑟琳大帝"。

凯瑟琳在武功上，延续彼得大帝的西化政策，对外发动了好几场轰轰烈烈的战争，缔造了"俄罗斯帝国"的极盛时期，让俄国的版图不断扩大，并跻身欧洲列强之林。在文治上，凯瑟琳引进西方的文化、艺术、音乐、思想，并鼓励出版创作，使圣彼得堡的人文艺术气息浓厚。但法国外交官在赞叹凯瑟琳的艺术品收藏之余，却也讥讽她只会模仿欧洲、全盘西化，而完全忽略了俄罗斯本身的文化传统。

图2-18即为印有凯瑟琳大帝肖像的100元纸钞。

当今在位最久的国王

蒲美蓬·阿杜德(Bhumibol Aduly-adej)是当今世界在位时间最长的国王。1927年，他出生于美国马萨诸塞州，是泰国前任国王——拉玛八世阿南塔之弟。1946年6月9日，前任国王遭到暗杀后，蒲美蓬继承王位，为拉玛九世。同年6月，他又赴洛桑继续学业，至1951年12月才正式回国接任王位。

这位现年85岁的国王一直小心谨慎地充当着泰国民众的"守护者"，并和泰国民众一起见证和经历了66年的政治变革和社会动荡。其间，泰国共发生了20次政变，21位总理相继组建了49届内阁。在变幻莫测的时局中，蒲美蓬凭借其过人的胆识与智慧而屹立不倒。他是一位文武双全的国王，精通多国语言，出版著作，获得音乐博士学位，还获得多项欧洲发明奖，更是快艇和风帆好手，曾代表泰国参加国际快艇赛，亦曾驾风帆横渡泰国湾。

泰国发行的纸钞上有好几种都印着这位国王的肖像，其中20元的绿色纸钞上是蒲美蓬年轻时的肖像（图2-19）；60元方形纸钞（图2-20）与黄色60元纸钞（图2-21）的发行，都是为了庆祝蒲美蓬在位满60周年。图2-22则为红色的100元纸钞，纸钞上的肖像仍是受人景仰的蒲美蓬。

图 2-19

图 2-20

图 2-21

图 2-22

善于创造幸福的国王

不丹的第四任国王吉格梅·辛格·旺楚克（Jigme Singye Wangchuck）国王英俊潇洒，风度翩翩，他拥有明亮的双眸、浓密的黑发、挺拔的身躯和轮廓分明的脸庞，被称为"世界上最英俊的国王"。他将这个位于喜马拉雅山山麓的小国，打造成人民幸福指数最高的国家。值得一提的是，这位英俊的国王娶了四位美丽的王妃，她们为出自同一家庭的亲姐妹。四位王妃共为国王养育了5位王子和5位公主。

旺楚克国王创造的"不丹模式"及其提出的"国民幸福总值"(GNH)理论受到国际社会高度关注。所谓"不丹模式"，就是注重物质和精神的平衡发展，将环境与传统文化的保护置于经济发展之上。该国的人均GDP只有6000多美元，但人民却感觉生活很幸福。政府甚至规定每人每年最少要种植10棵树，这使得不丹原始森林的覆盖率在亚洲排名第一，也因此获得联合国环保署的"地球卫士"奖。

2006年，旺楚克国王宣布退位，把王位传给长子凯萨尔。这位新国王生于1980年，身高逾一米八，英俊挺拔，在美国波士顿大学和英国牛津大学完成学业后回到不丹，深受国内人民爱戴。

不丹的纸钞上都印有旺楚克国王父子的英俊肖像，图2-23和图2-24的纸钞印着老国王的肖像，图2-25和图2-26则是新国王的面孔。不论是哪位国王，他们在不同钞票颜色的衬托下，同样散发出迷人的风采。

图 2-23

图 2-24

图 2-25

图 2-26

图 2-27

不可思议！国王竟被降为平民

尼泊尔是位于喜马拉雅山南麓的内陆国家，北邻中国，其余三面与印度接壤。沙阿王朝从1768年就开始统治尼泊尔，大部分国民信奉印度教，全国弥漫着浓厚的宗教气息。国王被认为是印度教大神毗湿奴的化身。长久以来，国王除了处理政治，在宗教和社会事务上皆具有举足轻重的地位。

2001年6月1日，尼泊尔王宫发生震惊国际社会的惨案，当天王室举行一次重大家庭会议，否决了王储迪彭德拉想娶前外交和财政部长女儿为妻的请求，婚姻不被祝福的迪彭德拉竟在晚上10点多闯进王宫，展开了一场激烈的抗议行动。他手持枪械击毙了10多位王室成员。血案之后，由已故国王比兰德拉之弟贾南德拉（Gyanendra）继承王位，成为沙阿王朝第12代君主。

贾南德拉在位时间极为短暂。2005年，贾南德拉因解散政府、独揽大权，使得支持率跌到谷底。2008年5月28日，尼泊尔制宪会议正式确认了议会关于废除君主制的决议，宣告成立联邦民主共和国，取消对国王贾南德拉的特别待遇，将其降为平民。从此，尼泊尔的沙阿王朝成为历史。

图2-27的尼泊尔1元纸钞上是已故国王比兰德拉的肖像，10元纸钞上则是尼泊尔最后一任国王贾南德拉的肖像（图2-28）。

尼泊尔比兰德拉国王与王后

图 2-28

文莱王族

极尽奢华的文莱苏丹

文莱是亚洲的古老国度，建立于公元8世纪，以伊斯兰教为国教，位于世界第三大岛婆罗洲的西北部，地处马来西亚东部的沙捞越、沙巴之间。1853年，文莱因腹背受敌而割让了许多土地，至1890年国土面积仅剩5.765平方公里。文莱是东南亚第三大产油国和世界第四大液化天然气生产国，是世界最富的国家之一。

文莱苏丹（苏丹即伊斯兰教政教一体的领袖）哈桑纳尔·博尔基亚曾经以拥有400亿美元的资产被美国《财富》杂志列为世界首富。他的王宫之大是英国白金汉宫的4倍，乃是世界上最大的王宫；他还拥有一支由200辆劳斯莱斯轿车组成的车队，这让他成为世界上拥有劳斯莱斯轿车最多的人；他的专机可谓"金碧辉煌"，从安全带扣到洗手间里的马桶、水龙头，都镀有一层黄金。

美国著名歌手迈克尔·杰克逊在博尔基亚50岁生日时前来献唱，有一次他邀请英国王储查尔斯一起打马球，但是一时大意忘了带马球鞋，于是他命令手下马上买一双顶级的马球鞋，用直升机直接空运到他皇宫的马球场里，其阔绰程度可见一斑。

博尔基亚的第一任妻子是他的堂妹沙莱娜公主。此后，他又先后迎娶了两位王妃——文莱王家航空公司的空姐玛丽亚姆和马来西亚的新闻主播阿兹丽娜斯·马兹哈尔·哈基姆，可如今都已离异。下图是文莱1元纸钞（图2-29），其上的肖像即是文莱苏丹博尔基亚。

图 2-29

图 2-30

在"欧洲露台"治国，别有一番风味

卢森堡是现今欧洲大陆仅存的大公国，位居欧洲十字路口，东邻德国，南毗法国，西部和北部与比利时接壤。当地都市景色与地形地貌合而为一，美不胜收，有"欧洲露台"之称。

由于其地形富于变化，在历史上又处于德法要道，地势险要，一直是西欧重要的军事要塞。卢森堡曾是工业国家，现在则是全球最大的金融中心之一，它也是欧元区内最重要的私人银行中心及全球仅次于美国的第二大投资信托中心。作为欧盟中人均收入和生活水平最高的国家，人均GDP位居世界前列，经济高度发达，金融、广播电视、钢铁是其三大经济支柱产业。因国土小、古堡多，又有"袖珍王国"、"千堡之国"的称呼。

现任国王为亨利大公，于2000年10月7日继位。他入股银行与矿山，并投资许多国际大公司，其财产估计有50亿欧元之多，在全世界国王财富排行榜中名列第六。图2-30是卢森堡100元纸钞，印有亨利大公的肖像。

图 2-31

优雅风采令人着迷的英女王

英女王蜡像

英格兰银行于1914年将当时的国王乔治五世的头像印制在纸钞上后，就此开启了英国钞票印铸国王肖像的传统。

英国王室在英国人眼里是英国文化的代表，因此英国女王伊丽莎白二世（Queen Elizabeth II）在英国人民心中的地位一直是崇高不已的。女王于1926年在伦敦出生，是英国温莎王朝第四代君主，也是目前在位时间第二长的国家元首，仅次于1946年即位的泰国国王蒲美蓬·阿杜德，她也是英国在位时间第二长的君主，仅次于维多利亚女王（1837—1901年在位）。英国女王的全称为"大不列颠及北爱尔兰联合王国与其他国土和领地之女王，联邦的元首"，即除英国外，女王同时也是澳大利亚、新西兰、加拿大等国家的元首。

女王自幼在宫中接受教育，主修宪法史和法律。1947年，她与远房表兄——希腊和丹麦的王子菲利普·蒙巴顿中尉（现为爱丁堡公爵，菲利普亲王）结婚。1952年乔治六世逝世后，她继承王位。

伊丽莎白继位初期，许多人认为"新伊丽莎白时期"即将到来，事实上，伊丽莎白面对的英国是一个分崩离析、组织松散的联邦政府，她仅能努力维持前殖民地与英国的关系。在政治上，她从未公开表达过对政治的看法，但也极尽所能地与所有政党保持友好关系。

图 2-32

图 2-33

　　加拿大发行的2元纸钞上印有伊丽莎白二世年轻时的肖像（图2-31）；20元钞票上的肖像则是伊丽莎白女王的中年之相（图2-32）；第三张纸钞为斐济的10元纸钞（图2-33），其上的女王年华已老。不论年纪如何，这位女王的优雅风采依旧令人着迷。

体重是权位和美丽的象征

汤加王国位于南太平洋靠近赤道附近，是由172个岛屿组成的岛国。1875年至今，实行君主立宪制。1900年开始成为英国的保护地，于1970年6月4日取得独立，为联合国第188个成员国。汤加王国是南太平洋中最后一个维持君王体系的国家，不过，汤加国王图普五世在2008年7月29日表示将权力交给国会，放弃君权，走向民主。

在汤加，体重是权位和美丽的象征，因此，要了解一个人的社会地位，可以先从他的体形来做判断。汤加国王陶法阿豪·图普四世（1918—2006），身高一米九，体重209.5公斤。就权势而言，图普四世是个尊者；就体形来说，他更是巨人中的尊者。1976年，他成为吉尼斯世界纪录中的全球最重君主。

图普四世晚年，整个王室家族掌控了国家，独占许多经济事业，致使全国四分之一的人民生活在贫穷当中。2005年5月，汤加有上万名民众走上街头要求民主，隔年图普四世逝世，享年88岁。这也间接带动汤加迈向民主。汤加1元纸钞上即印有图普四世的肖像（图2-34）。

图 2-34

图 2-35

图 2-36

最富有的国王

　　沙特阿拉伯虽拥有整个阿拉伯半岛80％的土地，可耕种土地只占1％，放眼望去，尽是大片沙漠。直到1938年，在沙特阿拉伯地下发现石油，才改变了该国的命运。

　　沙特阿拉伯兴起于1750年，其家族不断与埃及、奥斯曼帝国发生冲突。伊本·沙特于1927年5月和英国在吉达签订友好条约，英国承认他作为汉志和内志及其属地之王的完全独立地位。1932年9月23日，伊本·沙特正式将他获得的领土称为沙特阿拉伯王国，自立为国王。沙特阿拉伯是个政教合一的君主制国家，《可兰经》是国家的最高宪法。1933年，伊本·沙特把约2/3的国土面积租让给阿拉伯—美国石油公司，使沙特阿拉伯成为重要的石油生产国和输出国，为发展民族经济打下基础。

图2-35的100元纸钞与图2-36的5元纸钞上都是法赫德·本·阿卜杜勒·阿齐兹国王(1921—2005)的肖像。他幼年曾在宫廷接受伊斯兰教育，后在欧美接受高等教育。他于1982年即位，在位期间协助美国在海湾战争中击败伊拉克，允许美国在沙特阿拉伯设立军事基地，其亲美的立场令部分国人不满。2005年8月1日，他病逝于首都利雅得的医院，享年84岁。

沙特阿拉伯的王位继承采用"兄终弟及"制，因此法赫德过世后，由其弟阿卜杜拉·本·阿卜杜勒·阿齐兹继位为第六任国王。

法赫德国王在世时有两件事最令人津津乐道：一是他有五名妻子，其中三人已离婚，共有14名儿女。二是他拥有傲人的财富，在全球多位国王之中居冠，高达250亿欧元。

图 2-37

铁腕改革，创造新沙漠王国

　　沙特阿拉伯的第六任国王阿卜杜拉·本·阿卜杜勒·阿齐兹，1924年出生于利雅得，为第五任国王法赫德·本·阿卜杜勒·阿齐兹的同父异母兄弟。2005年8月1日，法赫德国王因病逝世，由阿卜杜拉继承王位，成为沙特阿拉伯王国的最高领导人。他继位后，即亮出铁腕，采取一连串的改革措施。他设立最高经济委员会管理社会经济，制定政策鼓励外资入驻，设法创造就业机会，还经常微服私访、体察民情，甚至严格限制王室的铺张浪费。

　　阿卜杜拉喜好读书和旅行，并获得菲律宾大学的博士学位。他极为推崇阿拉伯民族文化，特别是阿拉伯半岛特有的文化传统，曾亲自创建阿拉伯马术队。每年春天，由国王创办的具有浓郁民族特色的"吉纳达里亚"文化艺术节，成为民间的一大盛事。

　　沙特阿拉伯的1元纸钞上即印有这位国王的肖像（图2-37）。

图 2-38

废父登基，也废除陋习

　　卡布斯·本·赛义德是第十四位阿曼苏丹。他生于1940年，16岁远赴英国皇家军事学院留学，深受西方思想影响，但其父王不能接受儿子的先进观念，而将其软禁。卡布斯发动政变，在 1970年7月23日废父登基，废除陋习陈规，大肆革新，赢得人民的信赖与尊敬。上图的钞票上即印有他的肖像（图2-38）。

北非花园的出色园丁

摩洛哥隔着直布罗陀海峡与欧洲遥遥相望，有"落日之岛"之称。阿拉伯人曾于16世纪在此建立一个王朝，对现在摩洛哥的历史文化起到了深远的影响。直至1956年，摩洛哥才成为一个君主立宪的独立国家。摩洛哥另有一个美丽的封号——"北非花园"，这是因为它拥有引人入胜的古迹，现代化的都市风景，以及旖旎迷人的地中海沙滩和撒哈拉沙漠风情，每年吸引200万名观光客到摩洛哥旅游。

图 2-39

摩洛哥的进步繁荣，要归功于哈桑二世国王（1929—1999）。哈桑二世生于1929年，是前国王穆罕默德五世的长子。哈桑13岁时，在一所中学的落成典礼上，即席发表了第一次公开演讲，指出："除了面包之外，教育是人民的第一需要。"这句话成为摩洛哥家喻户晓的名言。1961年，哈桑正式继承王位。隔年，哈桑二世颁布摩洛哥的第一部宪法，20世纪80年代中期，哈桑实施国有企业私有化，为摩洛哥的经济发展注入了活力，90年代以来，他在政治领域内实行改革，先后两次修改宪法；在外交上，他努力促进中东和平，为阿以和谈牵线。

哈桑二世是一位掌有实权的国王，若有人欲夺取政权，必须先将国王赶下台，因此哈桑二世经历过多次谋杀事件，幸好他福大命大，都能逃过一劫，不过却在1999年7月23日，因心脏病去世。哈桑二世过世后，由其子穆罕默德六世继任王位。摩洛哥人民为了纪念这位国王，在50元纸钞印上哈桑二世的肖像（图2-39）。

20元纸币所印者为现任国王穆罕默德六世（图2-40）。

图 2-40

地势极高的空中王国

非洲南部的小王国莱索托，为南非所包围，面积仅3万平方公里，于1966年脱离英国殖民统治，实行君主立宪制，国王为莫舒舒二世，即10元钞票上的人物（图2-41）。现任国王为莱齐耶三世。该国因地势很高，有"空中之国"之称。莱索托拥有三大特产——披毯、钻石和巴索托帽。

图 2-41

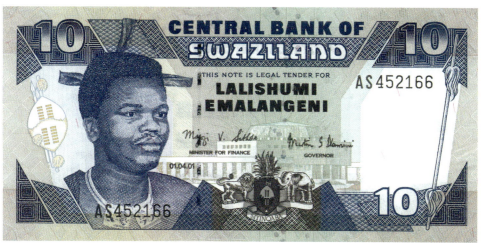

图 2-42

选妃日是王室重要庆典

　　斯威士兰是位于非洲东南部的内陆国家，北、西、南三面为南非所环抱，东与莫桑比克为邻，面积1.7万平方公里，于1968年脱离英国殖民统治，独立为斯威士兰王国，国王为索布扎二世(1899—1982)，即图2-42中10元钞票上的人物。现任国王为姆斯瓦蒂三世（1968—）。该国国王地位十分崇高，一年一度的选妃日是其王室的重要庆典，所以历来后妃成群，子女满堂，因此被世人批评国王生活太过奢华。

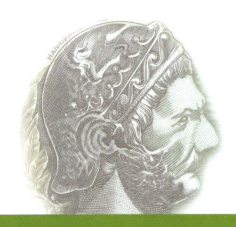

军事家与
冒险家，一生充满传奇

3

冒险家，到底是好战之徒，还是真的在为民主铺路？

冒险家，是真有毅力，还是在旅途中不经意发现了新大陆？

今天咱们就神游一趟，功过论断暂且遗忘！

用兵如神的军事家

所谓的军事家是指，精通军事战略上的武器、编制、地形、战术等情势的专家，"用兵如神"就是用来形容他们在军事上的才华，历史上著名的军事家有成吉思汗、李舜臣、纳尔逊、汉尼拔等人，兹列举如下。

东方战神

孛儿只斤铁木真(1162—1227)，汗号"成吉思汗"，是蒙古帝国的奠基始祖，世界史上杰出的政治家、军事家。1271年，元朝建立后，忽必烈追尊成吉思汗为元朝皇帝，庙号太祖，谥号法天启运圣武皇帝。"铁木真"这个名字的由来还有个特殊故事：铁木真出生时，手中握有一块血块，而铁木真的父亲恰巧在这时抓到敌军的一位勇士，当时的人都相信这个小婴儿来到世上是有特殊能力和使命的。

成吉思汗天资聪颖，深富军事才华，虽然不曾识字，却也无损他驰骋沙场的雄风。他不但统一大漠，结束了数百年的纷争，创立蒙古汗国，之后又征讨金国、西域诸国、花剌子模、西夏，以及欧亚诸国，享有"东方战神"的美名。

在蒙古国的500元纸钞上即印有这位草原英雄的肖像（图3-1）。

图 3-1

图 3-2

既是发明家，也是军事家

李舜臣（1545—1598）是朝鲜海军将领，著名的抗日民族英雄。他利用自己发明制造的铁甲战舰——"龟船"，与日寇作战，重创日军，为保卫祖国江山立下大功。

1592年，日本幕府大将军丰臣秀吉入侵朝鲜，李舜臣统率朝鲜水军打败日军，不久即因被谗言陷害，一度入狱。1597年，日本又出动14万兵力进攻，就在朝鲜危难之际，李舜臣再次被朝廷重用，他率朝鲜官兵和来自中国明朝的援军共同御敌，重创日军。1598年，在露梁海一战中，他和中国水军总兵邓子龙共同指挥朝、中联合舰队大败日军，但他却在此役遭遇岛津家的突袭，为国捐躯。现在在韩国丽水一带仍保存有李舜臣当年抗击日军的古战场，为著名的观光地点，也是韩国青少年聚会踏青的地方。

在韩国的500元纸钞上即印有李舜臣的肖像，及其所制造的"龟船"（图3-2），以纪念李舜臣生前击败日本的伟大事迹。

英国皇家海军之魂

霍雷肖·纳尔逊（1758—1805），英国海军上将。他在12岁时，以学生身份加入英国皇家海军，并随着军舰一起出海航行，这些少年时期的经验奠定了纳尔逊成为英国海军将军的基础。他虽然在战争中失去右眼和右臂，却以过人的意志领导军队征战，被称为"残疾将军"。在特拉法尔加海战中，纳尔逊运用不同颜色和图形的信号旗作为舰队之间的联系道具，成为战胜法国舰队的独门秘籍，但在这次海战中，他却不幸中弹身亡。英国人悲痛之余，聚集在伦敦圣保罗大教堂为这位英雄举行隆重葬礼，并建造特拉法尔加广场，来纪念这位伟大的海上将军。历史证明，这场战役的胜利，不仅粉碎了拿破仑占领英国的企图，更让英国成为海上霸主。

英国的20元纸钞上印着纳尔逊将军的肖像（图3-3），就是要后人效法他身残志不残的精神。

特拉法尔加广场

图 3-3

图 3-4

勿以成败论英雄

突尼斯位于非洲北岸，1954年才改制为突尼斯共和国，它拥有悠久的历史与迦太基、罗马和拜占庭时期辉煌的史迹。

在迦太基与罗马为期数10年的纷战中，出现了一位灵魂人物——汉尼拔·巴卡将军，他是迦太基名将、军事家，年少时随父亲哈米尔卡·巴卡进军西班牙，并在父亲面前发下一生的誓言，终身与古罗马为敌，自小接受严格和艰苦的军事锻炼，在军事及外交活动上有卓越表现，现今仍为许多军事学家所研究的重要军事战略家之一。公元前218年，他是迦太基远征军的总指挥，一路领军北上，以迂回战术引诱敌人，然后取道高卢（法国），攻下罗马，凭借过人的领导力和超凡的毅力，带领大群士兵和27只身躯庞大的大象，穿越终年被白雪覆盖的阿尔卑斯山，第一场战役就得到胜利，几乎攻破罗马城。但好景不长，不久后，汉尼拔和他的军队败仗连连，连家乡迦太基城都被罗马大军攻陷。汉尼拔一路败退到叙利亚，在此自尽身亡。虽然最后汉尼拔未能抵挡罗马的大军入境，不过他却完成了一场令人动容的战役。

现在的突尼斯5元纸钞上即印着汉尼拔的肖像（图3-4），可见突尼斯人并非以成败论英雄。

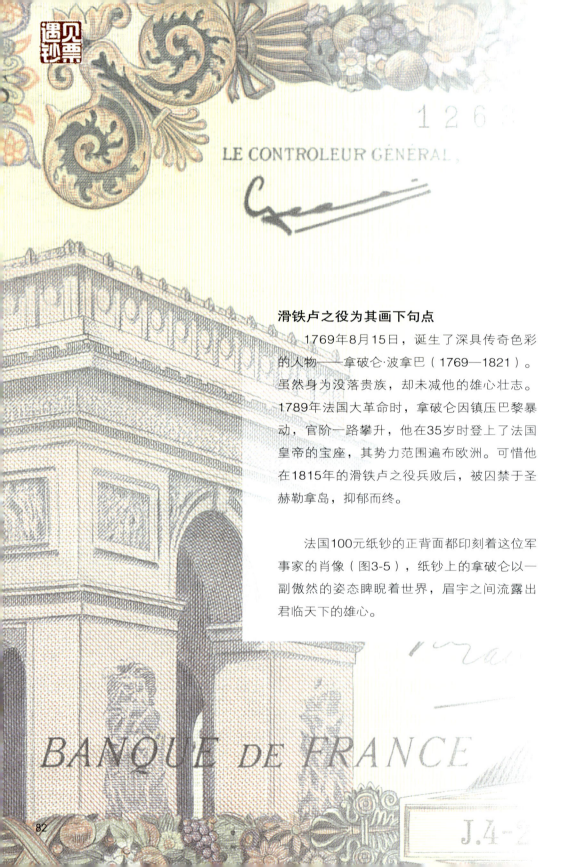

LE CONTROLEUR GÉNÉRAL,

126

滑铁卢之役为其画下句点

　　1769年8月15日，诞生了深具传奇色彩的人物——拿破仑·波拿巴（1769—1821）。虽然身为没落贵族，却未减他的雄心壮志。1789年法国大革命时，拿破仑因镇压巴黎暴动，官阶一路攀升，他在35岁时登上了法国皇帝的宝座，其势力范围遍布欧洲。可惜他在1815年的滑铁卢之役兵败后，被囚禁于圣赫勒拿岛，抑郁而终。

　　法国100元纸钞的正背面都印刻着这位军事家的肖像（图3-5），纸钞上的拿破仑以一副傲然的姿态睥睨着世界，眉宇之间流露出君临天下的雄心。

BANQUE DE FRANCE

J.4-2

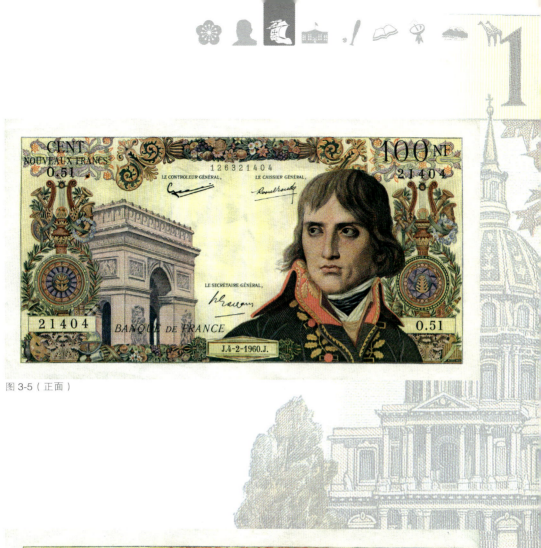

图 3-5（正面）

图 3-5（背面）

他真的来过中国吗

　　马可·波罗（1254—1324）出身于意大利威尼斯的商人家庭。1271年，他与亲友从威尼斯出发，渡过地中海，穿过新疆、甘肃，于1275年到达元朝上都，当时的马可·波罗还是个20多岁的青年，却与忽必烈成了忘年之交。

　　马可·波罗聪颖好学，不仅了解元朝时的应对礼节，蒙古语也能朗朗上口，加上他特殊的经历和丰富的见闻，很快在元朝的官场占有一席之地，担任起重要职务。他甚至被任命为钦差大臣，巡视中国各地，参与外交活动，代表元朝政府出使过许多国家。因此，他对元朝以及当时中国各地、亚洲各国的情况都有一定的了解。

勇于探索未知的冒险家

　　"立不败之地，策必胜之谋；存戒惧之心，行犯难之事"是军事家与冒险家的共同行径，因此本章将继续研究钞票上的冒险家。

　　1292年，马可·波罗离开中国。不久后，意大利的威尼斯和热那亚为了争夺海上贸易权而引发一场大战，马可·波罗投身战场，代表威尼斯参战，于1298年被敌军俘虏，囚禁在热那亚监狱。马可·波罗在狱中想起了自己的东方经历，就请同狱的法国作家鲁斯蒂谦帮他写下20多年来的奇特见闻，即《马可·波罗游记》，又称《东方见闻录》，这本书被翻译成数种文字，风行一时，使欧洲人大开眼界，当时被称为"世界一大奇书"，这本书也是研究中国的珍贵资料，几世纪后，更激励出一群欧洲的海上冒险家。

　　下图是意大利的1000元纸钞(图3-6)，纸钞上印有马可·波罗的肖像，足以证明他是促进东西方文化交流的重要人物。

图3-6

葡萄牙的海上英雄

中世纪的欧洲是航海家最活跃、最辉煌的时代，当时的葡萄牙王子亨利也是一位航海家，非常希望能比其他国家早一步找到前往亚洲的航道，为葡萄牙带来更多的贸易和财富。1477年，瓦斯科·达·伽马（1469—1524）奉当时葡萄牙国王马努埃·卡斯里维二世之命，率领4艘帆船、140名水手，从里斯本起航，绕过好望角，进入莫塞尔湾，并在此地竖起一根石制标柱，宣示葡萄牙拥有此地的主权。随后又在阿拉伯水手的带领下，抵达印度西部的卡里库特城，达·伽马亦在此竖立标柱，表示该地的所有权

已归葡萄牙拥有。1499年9月，达·伽马终于结束海上旅程，返回里斯本，并带回大量的东方宝石、象牙、香料。

达·伽马的这趟海上旅程不但为葡萄牙开辟了通往东方的新航路，也结束了阿拉伯人和威尼斯人长久以来对东方商品的垄断。

葡萄牙的2000元纸钞上印着达·伽马的肖像（图3-7），以纪念这位勇敢的海上英雄曾为葡萄牙带来的诸多经济贡献。

图 3-7

图 3-8

发现好望角

1487年，葡萄牙人迪亚士(1450—1500)认为大海的另一端是遍地黄金，因此他追随许多航海家的脚步，带领一群航海员展开一场海上冒险之旅。不久后，他和船员们在海上遇到了生平从未见过的狂风暴雨，当时船只正好航行至海洋中对流和逆风最强的位置，整艘船仿佛要进入地狱之门似的，水手们深怀恐惧地认为这是撒旦降临的征兆，都急着要返回葡萄牙，但迪亚士却坚信一定可以到达他的梦想之地，仍决定继续航行。他们经历了千难万险，终于抵达了非洲的最南端，还将其命名为"好望角"（Cape of Good Hope）。也因为迪亚士发现了好望角，而成功开创出一条东方航线，开启了葡萄牙与印度通商的航道，并让葡萄牙战胜了当时最强的对手——西班牙。

葡萄牙的5000元纸钞上印着这位勇敢的冒险家——迪亚士的肖像（图3-8）。

图 3-9

发现新大陆

1492年，西班牙不甘心将充满财富传奇的海洋拱手让人，于是派出航海家哥伦布率领船队，以期能再有一番作为。于是克里斯托弗·哥伦布（1451—1506）乘"圣玛丽亚"号，并指挥着一群经验丰富的领航专家及船员向东方新航线驶去。

哥伦布带领船队驶入大西洋一个多月后，仍不见陆地踪影，就连经验丰富的船员们都失去了信心，但哥伦布坚信地球是圆形的，只要一直向西航行，一定能到达传说中的美丽东方(中国、日本和印度)。在大海上继续航行了两个多月后，哥伦布的船队发现了中美洲巴哈马群岛中的岛屿，即华特林岛，接着又发现了古巴、海地等岛屿。虽然此次航行没有找到真正的中国和印度，却发现了美洲新大陆。

在发现第一个岛屿——华特林岛之后，哥伦布和船员们欢天喜地地举行登陆仪式，这可是他们久违的陆地啊！大家跪着感谢上帝的指引，哥伦布将这个小岛命名为圣·萨尔瓦多岛，意思是"神圣的救世主"。当时的哥伦布误以为他们所发现的地方是印度的属地，所以把这一带称为西印度群岛，称此地的居民为印第安人。

萨尔瓦多的5元纸钞上印着哥伦布的肖像，以纪念他的伟大发现（图3-9）。

图 3-10

不只是探险

　　自哥伦布发现新大陆后，许多探险家也纷纷投身航海之旅。图3-10所示的西班牙1000元纸钞的正面，即为探险家荷南多·科尔特斯(1485—1547）的肖像。他在1521年征服阿兹特克帝国（今墨西哥）。而如图3-11所示，钞票背面的人物则是另一探险家弗朗西斯科·皮萨罗（1475—1541），他占领了印加帝国（今秘鲁、厄瓜多尔、哥伦比亚、玻利维亚、智利、阿根廷一带），确立了西班牙在美洲的殖民统治。

图 3-11

第一位登上珠穆朗玛峰的冒险家埃德蒙·希拉里

养蜂人与"女神"的邂逅

除了大海的秘不可测，高山也充满着美丽而危险的诱惑。珠穆朗玛峰位于中国和尼泊尔交界的喜马拉雅山脉之上，终年积雪，高8844.43米，为世界第一高峰。

藏语"珠穆"是"女神"之意，"朗玛"是"第三"的意思，因珠峰附近还有四座山峰，珠峰位序为第三，"珠穆朗玛"意为第三女神。珠穆朗玛峰的高耸与美丽闻名退迩，吸引了大批的外国游客与冒险家前来朝圣。1953年5月29日，新西兰人埃德蒙·希拉里(1920—2008)和丹增·诺尔盖经由东南山脊，首度成功登顶珠峰。埃德蒙·希拉里的一生充满传奇，他原是一位默默无闻的养蜂人，却因成功登上了珠穆朗玛峰，成为举世闻名的探险家。据统计，截至2003年5月，全世界有超过60个国家的1300位登山客成功登上了珠穆朗玛峰，但不幸被雪山吞噬的人数也高达180人。

新西兰5元纸钞上的人像就是这位征服珠穆朗玛峰的英雄——埃德蒙·希拉里（图3-12），他已于2008年1月11日辞世，享年88岁。虽然英雄已离开人世，但他始终激发着新西兰人勇于探索的精神。

军事家与冒险家，一生充满传奇

图 3-12

挑战人类极限

按照国际通行的概念，南纬60度以南的地区被称为南极，它是南冰洋及其岛屿和南极大陆的总称。由于海拔高、空气稀薄，再加上冰雪表面对太阳辐射的反射等，使得南极大陆成为世界上最为寒冷的地区，年平均气温为零下25℃，最低气温曾达到零下89.6℃。在这样的低温下，普通的钢铁会变得像玻璃一般脆弱；如果把一杯水泼向空中，落下来的会是一片冰晶。

南极的寒冷是由于地处高纬度，导致其在一年中有极长时间没有太阳光。南极大陆风暴频繁、风力强大，曾测到每秒100米的大风，是迄今为止世界上记录到的最强风，因此，南极又被称为"风极"，这样的狂风会迅速带走人体的热量，使人受伤，甚至死亡。

南极的环境非常严苛，天气严寒，风速强劲，不利于人类生存，却吸引着一群冒险家前往挑战人类的极限。第一批到达南极点的探险家是挪威的罗尔德·亚孟森（1872—1928）及其随行人员，到达时间是1911年12月14日。亚孟森的主要对手是英国的罗伯特·斯考特（1868—1912），他在一个月后也到达南极点，但在回程中，斯考特和同行

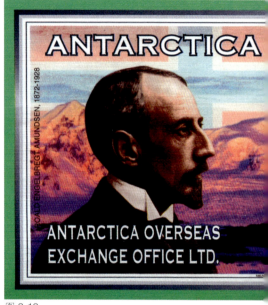

图 3-13

的四人因为饥饿和极度寒冷而全部死在半途。为了纪念亚孟森和斯考特，1958年的国际地球物理年建立了亚孟森-斯考特南极站。成立此站的目的是为其他极地研究的探险家和研究员提供永久性的帮助。

不管是否完成极地探险，只要愿意迈出步伐挑战人类极限，我们都将给予最高敬意。罗尔德·亚孟森和罗伯特·斯考特的名字都因此被永远记录下来，例

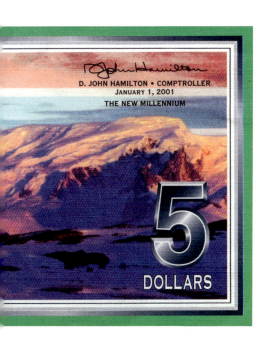

如南极洲的5元钞票上印着罗尔德·亚孟森的肖像（图3-13），10元纸钞上则印着罗伯特·斯考特的肖像（图3-14），以兹纪念。

值得一提的是，英国探险家阿德里安·海斯在19个月内连登珠穆朗玛峰（2006年5月25日）、北极（2007年4月25日）、南极（2007年12月28日）三极，创史上最快纪录。

图3-14

HMS VICTORY
RETURNING TO GIBRALTAR. 1805

建筑与
世界遗产，见证历史的光环

4

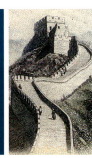

它也许气势磅礴，

也许建于敌人之手，

也可能有着神秘的传说，

随着时间经过，即使样貌斑驳，

但依旧横亘世人心头，不分童叟！

首尔五大宫殿之一

　　韩国的10000元纸钞正面刻印着韩国世宗大王（1418—1450）的肖像，背面是景福宫的庆会楼（图4-1）。景福宫是李氏王朝（1392—1910）时期首尔的五大宫殿之一，也是李氏王朝的正宫，具有500年历史，而摆设国宴的地方即是庆会楼，宫殿内蕴藏着一份宁静清幽，置身其中，别有一种舒坦的感觉。

　　韩国的纸钞有1000元、5000元、10000元三种，但韩元对人民币的汇率很低，面值最高的10000元折合人民币只有50多元，而韩国的平均物价又较高，因此韩国人有时会拿着一张单面钞票付账，那是韩国的"银行支票"，它可免去付账时必须拿出一大堆纸钞的麻烦。韩国在2010年又发行了50000元及100000元面值的钞票，让人民在日常生活中更方便使用。

图 4-1

图 4-2

"缓冲国"的无奈

泰国古称暹罗，泰国文化早期受中国和印度文化的影响很大。直到 16世纪，西方列强来到泰国。1896年，英法签订条约，将暹罗列为殖民地之间的"缓冲国"，暹罗虽没有成为西方列强的殖民地，但避免不了英国和法国的诸多压制。

按泰国宪法，泰国国王没有太多实权，只是国家的代表。现任泰国国王蒲美蓬·阿杜德深受国民敬爱，有时也要出面调解政治危机。

图4-2是泰国50元的纸钞，其上为泰国的国会大厦及泰国国王君临天下的画面，可见泰国国王在泰国所拥有的尊贵身份。

迟到才是礼貌

菲律宾国民原以马来人为主，马来人大约在公元前500年到公元1500年之间陆续移民到菲律宾，之后又有许多中国人、西班牙人、美国人及印度人等新移民进入菲律宾，直到1946年，菲律宾才正式独立为"菲律宾共和国"。

在菲律宾，接受礼物通常有一定的规矩，当我们邀请菲律宾人到家里做客时，他们送的礼物绝不能当众打开，否则会被视为对客人的不礼貌。如果受邀到菲律宾人家里拜访，千万不能按约定时间准时到达，更不得提前，否则既不礼貌，也有失颜面，会显得我们是迫不及待地为吃饭而来，习惯做法是比约定时间晚15分钟。总之，在菲律宾的人际交流与约会中，迟到才是礼貌。

图4-3是菲律宾50元的纸钞，其上的建筑物为菲律宾的国会大厦。

图 4-3

图 4-4

"河塘之国"

孟加拉人民共和国原为巴基斯坦的一部分，被称为东巴基斯坦。1971年，东巴宣布独立，1972年1月孟加拉人民共和国成立。孟加拉素有"水泽之乡"和"河塘之国"的美称，因为国内有700多条河流，主要分为恒河、布拉马普特拉河、梅格纳河等三大水系。

孟加拉是世界50个最不发达国家之一。人民生活十分贫困，经济基础薄弱，自然资源贫乏，生产力水平落后，经济以农业为主，约80%的人口生活在农村，农业产值占国民总收入的55%。黄麻产量居世界前列，绝大部分供出口，占出口总值的80%。据世界银行统计，孟国约有50%的人民生活在贫困线（upper poverty line）以下，其中34%的人民生活在极贫线（lower poverty line）以下，人民一日所得为1美元，几乎只够吃面包喝水度日。

图4-4是孟加拉的10元纸钞，高耸的国会大厦矗立在眼前，希望国会议员们能同心协力地带领孟加拉人民走上富裕之路。

经济逐步起飞的越南

越南，全称为越南社会主义共和国，是一个发展中国家。它位于中南半岛东部，北与中国接壤，西与老挝、柬埔寨交界，东南临着南海。1975年4月30日，受美国支持的越南共和国（简称"南越"）政权被越南南方共和临时革命政府的越南南方人民解放武装力量推翻，越南南方普遍建立起人民政权。翌年，越南南北统一为越南社会主义共和国。

MỘT NGÀN ĐỒNG

图 4-5

越南自1986年开始施行革新开放。1996年越共八大提出要大力推进国家工业化、现代化。2001年越共九大确定建立社会主义市场经济体制。越南以西方国家和"亚洲四小龙"为师，逐步发展劳动密集型的加工产业。

在越南，马路上常见自行车、摩托车、汽车和三轮车争先恐后地竞道而行，交通显得一片混乱，即使如此，还是可以来点越式休闲。预算若紧，就到小摊贩那儿买杯现剖的椰子汁，然后再踱步到公园树荫下享受偷得浮生半日闲的乐趣；预算若松，不妨到小咖啡厅点杯法式咖啡，悠闲地欣赏这个国家的夏日风情。

图4-5是"南越"时期的1000元纸钞，纸钞上印着"南越"的总统府。

图 4-6

图 4-7

文明的摇篮

土耳其是一个横跨欧亚大陆的伊斯兰教国家。由于土耳其曾经是东罗马帝国、拜占庭帝国、奥斯曼帝国的中心，有着悠久的历史，更特别的是土耳其囊括了不同文明的历史遗产，因此又被称为"文明的摇篮"。

穆斯塔法·凯末尔在1923年建立了土耳其共和国，并施行国家和宗教分离的政策，废除以伊斯兰教为国教的宪法条文，也废止了许多伊斯兰教法律，还在文字、服饰、妇女解放等方面进行了一系列的改革。这些措施使得土耳其益显和平与安定，始能不断地迈向现代化，经济发展惊人。土耳其人民秉持着凯末尔 "国家和平，世界和平" 的座右铭，力图达到更大的成就。

土耳其是一个充满神秘传说的现代化国家，具有一流的旅游服务，人民热情好客，景色优美动人。图4-6为土耳其50000元纸钞，中间的建筑物为国会大厦；图4-7为土耳其20000元纸钞，上面的建筑物为总统府。

往民主之路迈进

土库曼斯坦是位于中亚西南部的内陆国家。在历史上，包括波斯人、马其顿人、突厥人、阿拉伯人、蒙古鞑靼人等民族都曾经在此建立国家，15世纪后才形成土库曼民族。1991年正式宣布从苏联独立，定名为土库曼斯坦。外交方面，土库曼斯坦于1992年加入联合国，1995年获得永久中立国地位。

土库曼斯坦的前任总统萨帕尔穆拉特·阿塔耶维奇·尼亚佐夫自1985年12月起成为土库曼斯坦共产党总书记，经过1992年6月的第二次总统选举，成为土库曼斯坦总统，1999年12月再经第5届人民委员会、长老会议和民族复兴运动联席会议被授予终身总统之权力。尼亚佐夫任内一直实施铁腕统治和极端个人崇拜，自封为"所有土库曼人的领袖"。尼亚佐夫于2006年12月21日去世后，土库曼掀起了持续的"非尼亚佐夫化"活动，土库曼人对尼亚佐夫的个人崇拜，逐渐淡出历史舞台。

图4-8是土库曼斯坦的10000元纸钞，纸钞上的建筑物为该国的国会大厦，希望它能发挥功用，让本国人民迈上民主之路。

图 4-8

最具浓郁政治色彩的钞票

　　美元钞票的背面有许多具有浓郁政治色彩的建筑物，如5元纸钞的林肯纪念堂，10元纸钞的美国财政部大楼，20元纸钞的美国白宫，50元纸钞的美国国会大厦，100元纸钞的费城独立宫。

林肯纪念堂

5元美钞的正面为林肯头像，背面为林肯纪念堂（图4-9），林肯纪念堂建于1917年，为纪念美国南北战争时期的林肯总统而兴建。林肯总统维护了美国的统一，并解放了南方的黑奴，为今日美国的繁荣昌盛奠定了基础。整座纪念堂采希腊神庙建筑的风格，由亨利·培根(Henry Bacon)设计，大厅周围有三十六根白色大理石廊柱，象征当时三十六州的团结，堂内正面放着林肯的白色大理石雕像，雕像后方有一句题词："林肯将永垂不朽，永存人民心中"。直至今日，他依旧是美国人民心中最伟大的政治人物。

图 4-9

美国财政部是美国政府的内阁部门，于1789年由美国国会建立，此部门是管理美国政府年度收入的重要办公场所。

图4-10是10元美钞的背面，上面的建筑物即美国财政部大楼。

图 4-10

图 4-11

　　白宫是美国总统府所在地，坐落在首都华盛顿市中心区的宾夕法尼亚大道上。白宫的设计者是著名的建筑师詹姆斯·霍本（James Hoban），他根据18世纪末英国乡间别墅的风格，同时融合了当时流行的意大利建筑师柏拉迪的欧式造型设计而成。其使用弗吉尼亚州所产的白色石灰石建造，建成时并不称为白宫，"白宫"一词是1902年由西奥多·罗斯福总统正式命名而来。

　　白宫每逢星期二到星期五均会对外开放，虽然白宫的130多个房间中，只开放十几个房间，但已是世界上唯一定期向公众开放的国家元首官邸。因此吸引了大批的游客前往，每年来此参观的人数多达200万。图4-11是美钞20元的背面，上面即美国最著名的建筑物——白宫。

美国的国会大厦，坐落于美国首都华盛顿哥伦比亚特区的25米高的国会山上，是美国联邦的最高立法机关，开会、办公及审查各项法案都在此处举行，也牵动全球的政经活动，因此美国国会大厦已成为全世界瞩目的政治据点。

根据美国宪法的规定，首都华盛顿的建筑物一律不得超过国会大厦的高度，所以国会大厦成为华盛顿的最高点。这座建筑物的中央穹顶和鼓座系仿照万神庙的造型建造而成，圆顶上的小圆塔顶端竖立着一座约5.8米高的青铜制"自由雕像"，则是华盛顿最引人注目的地标。

图4-12是50元美钞的背面，上面印有国会大厦。

图 4-12

图 4-13

费城有300多年的历史，是美国年代最久、最具历史意义的城市。在美国独立战争期间，它是美国革命的发祥地，许多历史事件如1774年和1775年的两次大陆会议、1776年7月4日的《独立宣言》、1787年的美国第一部宪法都发轫于此。它在1790至1800年间还曾是美国的首都。因此，费城被称为"美利坚合众国的摇篮"，至今仍完好地保存着这段光荣的历史。

费城有许多栋历史建筑物，在独立宫附近的"自由钟"是美国独立象征的代表。 1776年7月4日，伴随着洪亮的钟声，《独立宣言》首次公之于世。1783年4月16日，"自由钟"的钟声再次宣告了美国独立战争的胜利。此后，每逢7月4日美国国庆日时，都要敲响象征美国独立的钟声。

图4-13是100元的美钞，背面印着费城的独立宫。

渥太华的标志性建筑

加拿大的国会大厦是渥太华的标志性建筑，由维多利亚女王下令
建造，直到1866年才完工。国会大厦中央有一座和平塔，是为了纪念
在战争中牺牲的加拿大烈士而建造的。在竖立着青铜旗杆的青铜塔顶
下，还有一座十分醒目的大时钟。

夏季，每天上午的十点整，民众可以在国会大厦前的草坪上看到
庄严肃穆的皇家禁卫队举行换岗操练仪式。从5月初到9月劳工节期间
的夜晚，国会大厦前会提供免费的声光表演及户外影音节目，并以英
法双语讲解加拿大的历史。

图4-14是加拿大的10元纸钞，在加拿大首任总理约翰·亚历山大·
麦克唐纳爵士（1867—1873）头像旁隐约可见的建筑物，就是加拿
大的国会大厦。

图 4-14

图 4-15

国名竟是酋长名

尼加拉瓜是中美洲面积最大的国家，北接洪都拉斯，南连哥斯达黎加，东临加勒比海，西濒太平洋。在西班牙人入侵前，尼加拉瓜的居民均为印第安人，多以狩猎为生。因为尼加拉瓜的酋长名为"尼加劳"（Nicarau），该国也因此得名。1823年，尼加拉瓜加入中美洲联邦后，该国自由党人士主张脱离联邦，自行独立，于是与保守党纷争不息。1838年，内战爆发，自由党获胜，从此建立尼加拉瓜共和国。尼加拉瓜当政者无法将国际援助的资源善加整合运用，因此仍旧是经济落后的农业国，普通民众生活仍旧困苦，贫富悬殊非常大。

图4-15是一张尼加拉瓜的100元纸钞，钞票中的建筑物是尼加拉瓜的国会大厦，我们期待国会议员们能发挥民主的精神与经济改革的魄力，让其民众脱离贫穷。

地形复杂，种族更复杂

坦桑尼亚位于非洲东部、赤道以南，境内地形复杂，种族也复杂，全国约有4000万人，分属126个民族。坦桑尼亚三分之一的国土皆为国家公园、动物和森林保护区，共有塞伦盖提、恩戈罗戈罗等12个国家公园、19个野生动物保护区和50个野生动物控制区。坦桑尼亚虽以狩猎保护区闻名全球，却是全非洲城市化程度最低的国家。幸好近年来坦桑尼亚实行经济改革，并积极与国际组织合作，如今的经济发展已出现乐观的进展。

图4-16是坦桑尼亚的1000元纸钞，钞票上印着该国的国会大厦，现代化的建筑隐喻着坦桑尼亚正积极地往现代化迈进。

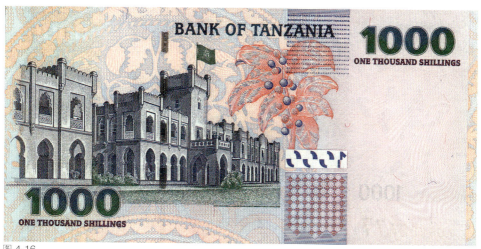

图 4-16

这里没有黑人、白人、黄种人，只有巴西人

巴西联邦共和国是拉丁美洲最大的国家，原为印第安人的居住地。1500年，葡萄牙航海家佩德罗·卡布拉尔（1468—1520）到达巴西后，巴西即沦为葡萄牙的殖民地。1807年，拿破仑入侵葡萄牙，葡萄牙王室逃到巴西，巴西再次成了葡萄牙的帝国中心。直到1891年2月24日，巴西才通过第一部共和国宪法，1967年正式改名为巴西联邦共和国。

巴西虽为多移民国家，相较于其他移民国家，该国的种族歧视问题比较轻微。巴西人对新事物、新文化高度接受，任何种族阶级都可以自由居住、交往及交际，巴西的国际机场有一个特别的标语——"这里没有黑人、白人、黄种人，只有巴西人"，这样的热情在众多移民国家中算是独树一帜了。

图 4-17

图4-17是巴西的100元纸钞，纸钞上面的碗状造型是巴西的国会大厦，左侧的直立式建筑物为巴西的总统府。

钻石之国

乌拉圭位于南美洲东南部，境内山明水秀，有"南美洲瑞士"之称，又因其版图类似宝石，且盛产紫晶石，被誉为"钻石之国"。足球是乌拉圭人最热爱的运动，乌拉圭的足球运动曾在世界史上绽放光芒，是世界杯足球赛事的首届主办国。

乌拉圭经济主要是以出口农业为主，20世纪初因大量出口农产品到欧洲等地，令其一度成为南美洲富裕的国家。第二次世界大战结束后，由于国际农产品价格不断下滑，使该国经济陷入长期衰退，经济的萧条令政局陷入混乱，多次发生军事政变，乌拉圭逐渐成为一个经济落后的国家。但自2004年起，乌拉圭经济开始随着巴西、阿根廷复苏，现属南美洲国家联盟。

图4-18为乌拉圭的50元纸钞，纸钞上印着乌拉圭的国会大厦。

图 4-18

民族的拼盘

澳大利亚国会大厦

澳大利亚位居南半球，其四季时令恰与北半球相反。澳大利亚地大物博，容纳多国移民，因此被社会学家喻为"民族的拼盘"，自英国移民踏上这片美丽的土地之后，陆续有来自120多个国家、140多个民族的移民来到澳大利亚追求新生活，多民族形成的多元文化是澳大利亚社会的一个特殊现象。

英国女王原本是澳大利亚的国家元首，由女王任命的总督为法定的最高行政长官。直到1992年12月17日，澳大利亚联邦政府内阁会议决定，澳大利亚的新公民无须再向英国女王宣誓效忠，自此，澳大利亚就算是一个独立自主的国家了。

图4-19为澳大利亚的5元纸钞，纸钞上的建筑物为澳大利亚的国会大厦。

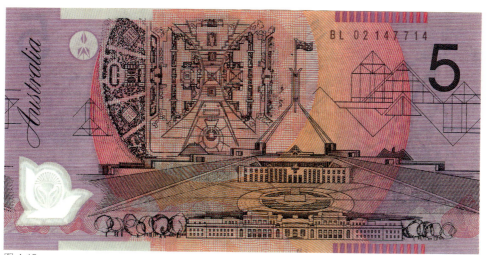

图 4-19

阿根廷的玫瑰宫

南美洲的巴黎

　　阿根廷位于南半球的最南端，是南美洲最早独立的国家。首都布宜诺斯艾利斯在西班牙语中意为"好空气"，是南半球最大的城市，也是阿根廷的政治、经济、文化中心，享有"南美洲巴黎"的盛名。布宜诺斯艾利斯有五个主要区域，最重要的一区以五月广场为中心，是政治和商业区。

　　足球为阿根廷最主要的运动项目，每逢节假日，足球场上一定会有一群足球爱好者在"围球追逐"。布宜诺斯艾利斯后巷的贫民窟也是"探戈"的发源地。阿根廷在1912年通过平等政权后，人民的生活比以往自由，对探戈也更为狂热，社会的各个阶层都掀起一股探戈舞会的热潮，探戈俨然成为一种时尚活动。

　　图4-20为阿根廷的1元纸钞，印着阿根廷的国会大厦；图4-21为阿根廷的1000元纸钞，印着阿根廷的总统府，又名"玫瑰宫"，暗含着以粉红色的外观，象征红、白两派政党势力的融合，取其中庸之道的意味。

图 4-20

图 4-21

暴君阿明的独裁统治

乌干达是非洲中部的一个国家，20世纪70年代曾出现一位军事独裁者——伊迪·阿明。暴君阿明是著名的杀人魔王，被英国首相丘吉尔称为"非洲明珠"的乌干达在阿明治下成了一个充满血腥与暴力、毫无生气的国家。人权组织称，在阿明统治乌干达的8年中，有10万到50万人被杀，由于来不及挖掘坟墓，很多尸体都被抛入尼罗河，因为尸体数量过多，位于金贾的一座主要水电站的进水口曾发生堵塞。阿明于1979年被坦桑尼亚军队赶下台，从此开始流亡生涯，2003年8月16日客死于沙特阿拉伯。

乌干达现在的总统选举方式已渐渐走向民主。图4-22为乌干达的100元纸钞，纸钞上印有乌干达的国会大厦。

国徽上的图案：羚羊和黄冠鹤

图 4-22

火炉国

　　苏丹是非洲最大的国家，1956年1月1日才脱离英国与埃及的统治，宣布独立。境内除了东西部有高山之外，大部分是一望无垠的沙漠平原。苏丹在当地语言中的意思为"黑土地"，夏季气温高达50℃以上，又被称为"火炉国"，居民的皮肤多呈黑色或棕褐色。

　　苏丹社会动荡，经济落后，内乱不断，人民饱受饥荒之苦，直到2005年1月9日签署《全面和平协定》，才结束了持续已20年的南北内战。

　　图4-23为苏丹的5元纸钞，钞票上印着苏丹的国会大厦，希望处于和平阶段的苏丹能在国会议员的带领下，走上经济蓬勃发展的康庄大道。

图4-23

联合国教科文组织保护之文化遗产（建筑部分）

　　联合国教科文组织于1946年在法国巴黎成立，宗旨是"透过教育、科学及文化，促进各国间合作，对和平与安全作出贡献"。为了保存世界珍贵的自然遗产、文化遗产，1972年，联合国教科文组织在大会中通过世界遗产公约，以保存自然遗产、文化遗产等，使其免于遭受损伤破坏，更为此而建立起国际合作及协助的体制，以下我们将针对建筑物的部分作一介绍。

伴随中国成长的巨龙——长城

万里长城(The Great Wall)是中国著名的建筑物，在1987年12月被联合国教科文组织列入珍贵的世界文化遗产。从古老的春秋战国时代至今约2000年的时间里，万里长城伴随着中国悠久的古代文明史一同成长，举凡历史上政治、经济、文化等方面的重大事件，都在长城留下烙印。

长城的外观气势磅礴，为世上最伟大的建筑工程之一，从卫星上遥瞰地球，依稀可见万里长城的身影。因此，它不仅是中华民族历史悠远的象征，更是值得全人类共同保护的珍贵遗产。

图4-24是中国银行于20世纪80年代发行的100元外汇兑换券，其上即印着万里长城，它曲折蜿蜒、坚固万分，是人民心目中最坚强的防卫堡垒，此套外汇兑换券于1995年1月1日停止流通。

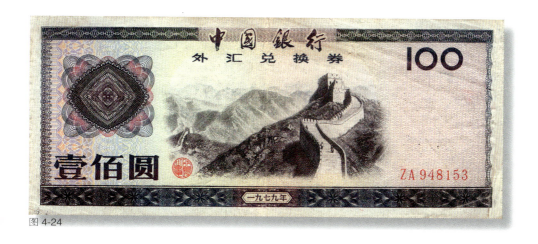

图4-24

图 4-25

不停更新任务与角色的故宫

　　故宫博物院位于北京市中心，是中国著名的文化观光景点，博物馆内原以明清两代皇宫及其收藏的文物为主。1961年经国务院批准，故宫被定为全国第一批重点文物保护单位。

　　故宫博物院不停地在更新自己的任务与角色。在文物工作方面，20世纪五六十年代的重点是对旧藏的清宫文物重新清点核对、登记造册、鉴别、分类和建档，对原有库房进行大规模的修整，加强防潮、防虫的各种措施。为了满足广大群众的要求，故宫博物院还组织小型文物展到各省市博物馆作巡回展出，并应邀到国外举办各种形式的展览活动。近年来，故宫博物院每年接待中外参观者600万~800万人次，随着旅游业的蓬勃发展，参访故宫的人数有增无减。1987年，故宫被联合国教科文组织列入《世界文化遗产名录》。

　　在我国第三代人民币的10元纸钞背面可见故宫雄伟肃穆的（图4-25）。

图 4-26

伊斯法罕皇家广场

　　伊斯法罕皇家广场位于伊朗的伊斯法罕市中心，广场是城市规划的一部分，长510米，宽165米，面积为80000多平方米。在公元前8—前6世纪，伊斯法罕就已经是一座颇具规模的大都市了。11—12世纪的塞尔柱帝国时期，它被设为首都。16世纪末至18世纪初，它再次成为沙法维王朝的都城。此外，伊斯法罕皇家广场更是丝绸之路上的重镇，也是东西方贸易的集散地。

　　广场中保留着从11世纪到19世纪各式各样的伊斯兰风格建筑，正是当年萨非王朝国王阿拔斯检阅军队、观看马球的场所，广场周围有两层拱廊环绕，每边拱廊各有一座雄伟的大门，分别通向

皇家清真寺、圣·罗图福拉清真寺、阿里·加普宫和皇家集市，广场周围的文物、景观都反映了萨非王朝时期伊朗的社会文化生活。1979年，联合国教科文组织将伊斯法罕皇家广场视为重要文化遗产，并列入《世界文化遗产名录》。伊斯法罕皇家广场目前已改名为伊玛姆广场。在伊朗20000元的纸币上即印有壮观美丽的伊斯法罕皇家广场（图4-26）。

世界最早的基督教教堂——艾奇米亚金

亚美尼亚共和国以石雕建筑艺术闻名全世界，因为当地盛产各种彩色花岗岩、大理石，所以又有"石头之国"的美称。公元301年，亚美尼亚王特拉达三世定基督教为国教，使得亚美尼亚成为世界上第一个基督教国家。

亚美尼亚的首都埃里温是一个历史悠久的文化古都，市内的艾奇米亚金大教堂据说建于4世纪初，距今已有1700年的历史，号称全世界最早建立的教堂，因此被称为"母亲教堂"（mother cathedral），是亚美尼亚大主教驻锡之地。

在亚美尼亚50000元的纸钞上即收录了这座教堂的样貌（图4-27），钞票两边还印有1700的数字，正说明了这座教堂悠久的历史。

艾奇米亚金教堂实景

图4-27

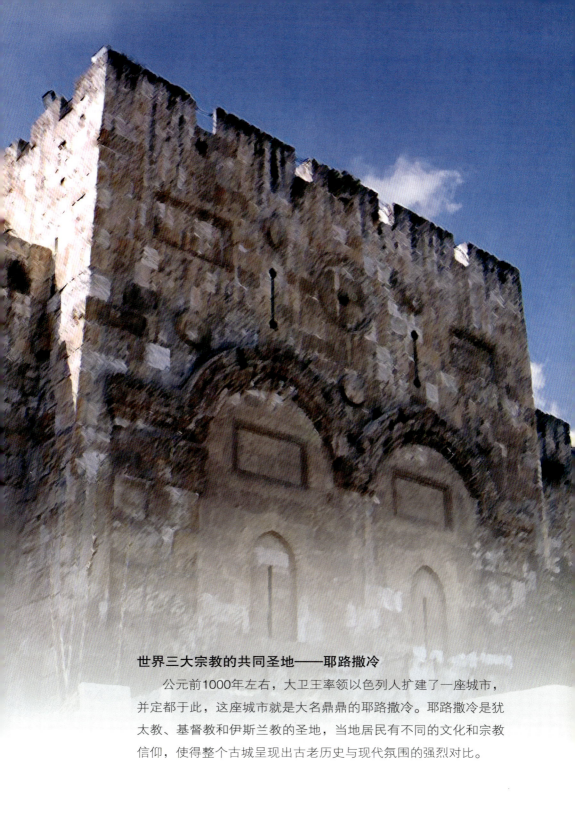

世界三大宗教的共同圣地——耶路撒冷

  公元前1000年左右，大卫王率领以色列人扩建了一座城市，并定都于此，这座城市就是大名鼎鼎的耶路撒冷。耶路撒冷是犹太教、基督教和伊斯兰教的圣地，当地居民有不同的文化和宗教信仰，使得整个古城呈现出古老历史与现代氛围的强烈对比。

1980年，以色列国会制定基本法，以法律条文明确耶路撒冷是以色列 "永远的、不可分割的首都"。以色列不只在法律上重视耶路撒冷，他们的纸钞上也显现出这座古城的原貌，可见以色列人对这座古城的重视。2007年4月23日，联合国教科文组织通过决议，重申耶路撒冷老城的重要价值，以及保护这一重量级世界遗产的必要性。

以色列的橘黄色5元纸钞上印着耶路撒冷老城 "狮子门" 的图案（图4-28）；绿色5元纸钞上是耶路撒冷老城的 "大马士革门"（图4-29）；紫色10元纸钞上是耶路撒冷老城的 "雅法门"（图4-30）；黄色50元纸钞上是耶路撒冷老城的 "金门"（图4-31）；蓝色10元纸钞上印制的是耶路撒冷老城的 "锡安门"（图4-32）。这一系列纸钞的文字部分分别以希伯来文、阿拉伯文和英文书写，图案上的建筑物都取自同一座老城，可见以色列政府对耶路撒冷老城的重视程度。

图 4-28

图 4-29

图 4-30

图 4-31

图 4-32

钞票上的耶路撒冷老城透着一股古老悠远的气息，凡是到访过此地的游客必能感受到其中的庄严肃穆。

此为城墙中最有名的犹太教"哭墙"

■耶路撒冷旧城区

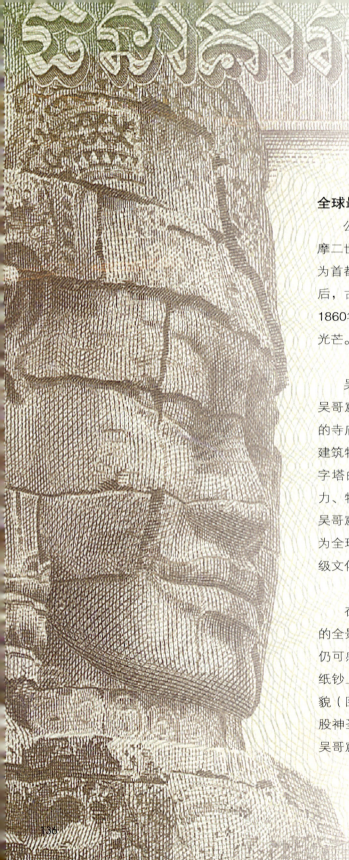

全球最大的寺庙群——吴哥窟

公元802年，吴哥王朝国王苏耶跋摩二世在中南半岛兴建吴哥城，并以此为首都。吴哥王朝称霸至15世纪，衰败后，古迹群也湮没在荒烟蔓草间，直到1860年被法国考古学家发现才得以重现光芒。

吴哥王朝留给后世最大的遗产就是吴哥窟，此处共有百余座佛教和印度教的寺庙，是全球最大的寺庙群，这里的建筑物只用石块兴建，总体积与埃及金字塔的石材量不相上下，以当时的人力、物力来说，简直是个奇迹。因此，吴哥窟在1992年被联合国教科文组织列为全球七大奇景之一，更为珍贵的世界级文化遗产。

在柬埔寨的50元纸钞上印有吴哥窟的全景图（图4-33），远望这座古城，仍可感受到当时的庄严气势。100元的纸钞上则是吴哥窟中一尊古佛的巍峨风貌（图4-34），虽然有些斑驳，却有一股神圣的氛围蕴藏其中，这也正说明了吴哥窟迷人的魅力所在吧。

图 4-33

图 4-34

皇室级庙宇——泰国大理寺

泰国五世皇登基后想盖一间休憩所，便将周围荒废无人的寺庙结合在一起施工，此庙是由皇室设计师设计，其整体建筑风格既庄严又气派，在建材方面多采用大理石，所以有"大理寺"的美称，这间寺庙属于皇室级的庙宇，该寺的庙徽沿用了在泰国人心目中深具威望的拉玛五世朱拉隆功陛下的皇徽，足以证明其在泰国的崇高地位。

寺内供奉着一尊最受人民敬重的"成功佛"，佛像高达3米，整体沿袭素可泰王朝时期的风格，直接从斯里兰卡的小乘佛教经文中独立发展出来。

在泰国的10元纸钞上印有整座大理寺的全景（图4-35），皇家级的气势与尊贵气质跃然于纸钞上。

图4-35

巴尔贝克神庙
——腓尼基和罗马文明的相融产物

黎巴嫩共和国位于亚洲西南部地中海东岸，属于中东国家，古罗马帝国曾占领过黎巴嫩，并修建了举世闻名的巴尔贝克神庙，该神庙是世界上保存最为完整，也是最大的罗马古建筑之一。

巴尔贝克神庙位于贝鲁特东北的贝卡平原北部，是世界著名的古迹。公元前3000年，崇拜太阳神的迦南人在这里修建了一座祭祀太阳神的庙宇，称之为"巴尔贝克"，意为"太阳城"。今天的巴尔贝克神庙虽被称做罗马神庙遗址，实际上却是腓尼基文明和罗马文明相融合的产物，它历经近2000年的战火洗礼，残存的建筑体仍使人惊叹不已。

据称这是世界上规模最宏伟的古罗马建筑群，全世界已找不到比它更完整的神庙遗址。因此，它于1984年被联合国教科文组织列为世界珍贵文化遗产。

在黎巴嫩的250元纸钞上印有这座庙宇的全貌（图4-36），整座神庙果然有一股沧桑肃穆之感。

图4-36

图 4-37

真的有海市蜃楼？——希巴姆老城

也门位于阿拉伯半岛西南端，有3000多年历史，是孕育阿拉伯古文明的摇篮之一。希巴姆老城在1982年被认定为珍贵的世界遗产，因为它位于阿拉伯沙漠中央，一片荒漠中竟有一群高楼建筑耸立其中，给人一种海市蜃楼的感觉。据考证，这种高层建筑是也门人民传统家族制度的产物，当时家族分家并非携家带眷离乡背井，而是在原来的房顶上加层扩建，逐渐形成这种高层建筑，现在保留下来的最古老建筑还可追溯到10世纪呢！

也门的50元纸钞上耸立着一座古老建筑（图4-37），这是位于希巴姆老城中的一座高楼建筑体。

阿拉伯的珍珠——萨那古城

也门的首都萨那，位于2350米的高地上，又被称为"阿拉伯的珍珠"。据说它是人类的发源地之一，这座古城经历过外族破坏、内乱践踏。萨那古城是也门著名的景点，城内约有6000间民宅、103间寺庙，全都建于11世纪以前，有些甚至建于7世纪。不论是外墙、窗户、气窗，甚至是梁柱上的图案都可体现其艺术价值，不仅讲求色彩配搭及图案组合，还以石膏雕砌出缤纷的细节，建筑风格独树一帜，让人仿佛走入《一千零一夜》中所描述的繁华的阿拉伯古城，有一种古今时空穿梭来回的感觉。古老又充满历史的萨那城，在1986年被联合国教科文组织认定为世界遗产。

也门的1000元纸钞上的建筑群便是这座阿拉伯半岛上最古老的萨那古城（图4-38）。

图 4-38

图 4-39

中美洲的神秘天堂——科潘古城

　　洪都拉斯素有"中美洲秘密天堂"之称，有充满殖民色彩的城市、玛雅遗迹、珊瑚礁和丰富的雨林生态，最著名的观光胜地是科潘古城，这座古城以精美的雕刻与刻有玛雅古文字的石碑闻名，从城内建筑中的象形文字、玛雅数字，可推知玛雅人的建筑、雕刻、数学等多元化文明发展得非常早。

　　1840年，美国考古学家约翰·斯蒂芬斯和弗雷德里克·加瑟伍德在荒郊野外发现了这座古城遗址，并向全世界公布古城的相关资料，直到1980年，联合国教科文组织才将其列为世界珍贵遗产。

　　洪都拉斯1元纸钞上是一座缩小版的科潘古城图(图4-39)，右侧有直条形柱子刻着玛雅图腾，展现出一种古朴气质。

玛雅文化的羽蛇神金字塔

　　玛雅文化始于公元前3113年，横跨危地马拉、伯利兹、墨西哥、洪都拉斯及萨尔瓦多等国。

　　危地马拉位于中美洲，在危地马拉北部的蒂卡尔国家公园是一座浮现在原始森林中的建筑物，也是玛雅文明最早、最大的神殿遗址，蒂卡尔意为"能听到圣灵之声的地方"，遗址中最大的杰作是五座巨大的金字塔神殿。

　　墨西哥最著名的是羽蛇神金字塔，约建于9世纪。整座金字塔最令人啧啧称奇的并非是规模或形状，而是金字塔北面，两个看似平凡的羽蛇神头像，与九层上升台阶的相互搭配设计，在每年春分和秋分日落时，发光的蛇头和九层台阶映照成飞蛇图形，象征羽蛇神在春分时降临，在秋分时离开，一年之中只有这两天能看到这两条蛇的交替出现，令人叹为观止。1987年，联合国教科文组织将其列为珍贵文化遗产。在墨西哥的20元纸钞（图4-40）和危地马拉0.5元纸钞（图4-41）上，即为这座极具传奇性的羽蛇神金字塔。

图 4-40

图 4-41

拉丁美洲最完整的古城——基多

厄瓜多尔位于南美洲西北部，"厄瓜多尔"的语意是"赤道"，这是因为赤道经过该国。由于当地气候炎热，盛产香蕉，厄瓜多尔又被称为"香蕉之国"。直到1809年，厄瓜多尔这块热带土地才脱离西班牙统治，获得独立建国的机会。

厄瓜多尔首都名为基多，是全世界第二高的首都，它建筑在2850米高的皮钦查火山山麓，首都共有87座教堂，最为著名的两座教堂为圣弗朗西斯修道院和拉孔帕尼亚大教堂，建筑风格华丽，属巴洛克风格。这座美丽的古城是从16世纪时的印加废墟中建立起来。1917年，经历了大地震后，基多仍然是拉丁美洲保存得最完整的古城。在1978年，基多获联合国教科文组织青睐，被列为世界人类文化遗产保护区。

厄瓜多尔20元纸钞上的建筑物即为美丽的拉孔帕尼亚大教堂（图4-42），从中可以感受到它既古朴又华丽的建筑风格。

图 4-42

图 4-43

世上最大的土砖城——昌昌古城

秘鲁位于南美洲的西部，昌昌古城是古秘鲁时期奇穆王朝的重要首都。15世纪时，昌昌古城处于鼎盛期，繁华热闹的程度不在话下。昌昌古城是世上最大的土砖城，因为当时没有石头，只能用土砖建屋，有时还会使用金箔嵌在土墙上。昌昌古城的中心点有一座类似庙宇的城堡，周围则有保存完好的会议厅、水库、居住区及宗教会议平台。

秘鲁的1000元纸钞上即昌昌古城的大致轮廓（图4-43），围墙的建筑上刻有很多造型美丽的几何图案，在当时应该算是一种时尚的表现。

创世中心——蒂瓦纳科古城

公元400年前后，玻利维亚人在喀喀湖边建立了蒂瓦纳科古城，这座古城位于玻利维亚和秘鲁交界地带4000米高的平原上，古城中心有六个带有垂直石柱的"T"形台地，是蒂瓦纳科的一个显著标志。这座古城从居民群聚中心，发展成一座繁忙的城市。在这片土地上，有许多梯形金字塔、法庭。

蒂瓦纳科在古印第安语中有"创世中心"之意，古城的太阳门上雕刻着12000年前的古生物和精确的天文历法，许多考古学家对这段史前文明非常感兴趣。古城仍保存着玻利维亚人留下的建筑、绘画和雕刻，蒂瓦纳科遗址的梯形金字塔和城墙上还排列着雕刻精美的石头。据考古学家估计，曾经有近40000人居住在这座生机勃勃的古城内外。但可惜的是，我们对蒂瓦纳科古城当时的手工业、农业、捕鱼技法所知甚少。

玻利维亚的50元纸钞上，即印制着蒂瓦纳科古城的图案（图4-44），记录着这座古城曾有过的绝代风华。

图 4-44

图 4-45

圣索菲亚大教堂

乌克兰是欧洲东部的国家，著名的圣索菲亚博物馆占地5万平方米，建于11世纪。这里有一系列美丽的古建筑群，其中最珍贵的建筑主体就属圣索菲亚大教堂，这座教堂在1990年被联合国教科文组织列为世界珍贵的文化遗产。

圣索菲亚大教堂整体建筑是巴洛克风格。"索菲亚"在希腊语里有"智慧"之意。当初建造这座教堂的目的有二：一是为了庆祝当时的罗斯军队战胜突厥，二是为了赞颂基督教。圣索菲亚大教堂是乌克兰的宗教、政治和文化中心，这里存放许多考古文物和建筑模型，以及一座古色古香的图书馆，政府官员们习惯在这里接见外国使节或签订重要条约。

乌克兰淡粉红色的2元纸钞上即印着圣索菲亚大教堂（图4-45），仿佛可以听见教堂里的管风琴弹奏出的幸福乐章。

欧洲的十字路口——塔林

爱沙尼亚西向波罗的海，北向芬兰湾，南面和东面分别同拉脱维亚和俄罗斯接壤。其首都塔林曾经是连接中东欧和南北欧的交通要塞，因此又被称为"欧洲的十字路口"。它也是波罗的海沿岸重要的商港、工业中心和观光旅游胜地。

塔林老城在塔林市内是最重要的一个地标，因为老城里保留着最完整的中世纪欧洲城堡，其中最著名的就是俄罗斯大教堂。这座老城经常举行重大庆典和活动，2002年的欧洲音乐节即在此地举办。2005年，联合国教科文组织将塔林列为珍贵世界遗产。

爱沙尼亚5元的纸钞上是塔林老城的全景图（图4-46），古城前环绕着运河。在波光潋滟的河流边举办文艺活动，应该是一场美不胜收的精神飨宴吧！

图 4-46

图 4-47

奇异的冲突之美——伊斯坦布尔

伊斯坦布尔位于土耳其境内，地理位置特殊，处在欧洲与亚洲交界处，在这座古城里随处可见新与旧、东方与西方文化交错对比的冲突美感，甚至可以观赏到伊斯兰教与基督教文化、欧洲与亚洲地理景观混乱又调和的奇异风土民情。

伊斯坦布尔不仅是一座历史悠久的古城，也是一座华丽又充满活力的现代化城市。由于城内融合了罗马和东方艺术，让伊斯坦布尔保留着丰富而迷人的文化遗迹。它拥有特殊的博物馆、教堂、宫殿、清真寺、市集，以及迷人的自然风景，更是著名的旅游景点。1985年，联合国教科文组织宣布伊斯坦布尔城墙及其所包围的古城区将列入世界文化遗产名单。

土耳其的250000元纸钞上有座建筑物（图4-47），就是伊斯坦布尔及其周围建筑物的缩影，在蓝色的底色下，更凸显这座城堡的典雅气息。

图 4-48

图 4-49

博亚纳教堂——索菲亚王冠上的明珠

保加利亚位于欧洲东南部巴尔干半岛上。博亚纳教堂是保加利亚著名的教堂，被誉为"索菲亚王冠上的明珠"，这座教堂是在一片废墟上重新修建起来的，始建于10世纪末，中世纪时曾是皇宫的一部分，博亚纳教堂实际上是由三座教堂组成的。尽管其建造年代不同，建筑风格迥异，却奇妙地组成一个和谐的整体，或许是因为这三座教堂都有十字形的平面和圆形屋顶。

博亚纳教堂是保加利亚自13世纪以来唯一保存完整、展现保加利亚宫廷艺术特点的建筑物。其中的壁画群是保加利亚教堂中最具代表性的作品，为巴尔干绘画艺术的代表作。它也记录了保加利亚的文化历程，以及曾有过的繁荣岁月。它于1979年被列入《世界文化遗产目录》。

保加利亚20元纸钞的正面即博亚纳教堂的简图（图4-48），钞票背面则印制了教堂里最有名的壁画——《新娘杰希斯拉娃》（图4-49）。

真正的不夜城——圣彼得堡

圣彼得堡位于芬兰湾深处、俄罗斯西北部，是俄国第二大城市。18世纪初，这里还是一大片沼泽地，因为圣彼得堡的建造，开凿了许多人工运河，在这些运河的联系贯通下，才让圣彼得堡的42个小岛畅通无阻。除了运河，城内还有423座桥梁彼此沟通连接。

圣彼得堡是世界上少数具有极昼现象的城市之一，每年的5月至8月，城中几乎没有黑夜，白夜时漫步在静静的涅瓦河畔，遥望着蔚蓝天空的北极光，感觉犹如置身在梦幻中。1996年，圣彼得堡被联合国教科文组织评定为世界人文遗产保护区。

50元俄罗斯纸钞上的建筑物，即位于圣彼得堡市瓦西里岛长滩上的原交易所大楼和罗斯特拉灯塔（图4-50）。

图 4-50

图 4-51

数遇火灾仍不减风采的莫斯科大剧院

莫斯科大剧院位于莫斯科市中心的剧院广场，是俄罗斯历史最悠久的剧院，也是世界上最著名的剧院之一。莫斯科大剧院始建于1776年，但一场大火使它损失惨重，于1825年重建，1828年，再遭祝融肆虐，幸好在灾难不断之下，仍能保留其迷人风采。

现今呈现在世人眼前的剧院是一座淡黄色的俄罗斯古典建筑，内部设备完善，演出大厅以金色为基调，更显金碧辉煌，有6层包厢，可容纳近2000名观众，每年9月至隔年6月为演出旺季，一般只接受大型剧目演出。一些规模较小的剧展，或具有实验性质的作品则会选择在附近的小剧院里进行，每年都吸引着大批国内外歌剧、舞剧和交响乐的爱好者前来莫斯科大剧院聆赏。

俄罗斯的100元纸钞上即莫斯科大剧院（图4-51），虽不能亲临剧院欣赏演出，但将这张100元钞票握在手上，似乎离莫斯科大剧院更近了。

城市中心的堡垒——克里姆林宫

俄罗斯的克里姆林宫至今已有800年历史，其俄文意思为"城市中心的堡垒"。相传，历任沙皇打胜仗后必穿越三圣塔，再经过克里姆林宫，因此人们传说穿过三圣塔后必会带来好运。苏联解体后，它成为俄罗斯政府的代称。从13世纪起，它见证了俄罗斯从一个莫斯科大公国发展至今日横跨欧亚大陆的强国。

19世纪中期，在克里姆林宫又增加了克里姆林宫大厦，宫墙四周有塔楼20座。1937年，塔楼上又装了五角形的红宝石星，这是世界建筑史上不可多得的杰作，宫内还保存有俄国铸造艺术的杰作，有重达40吨的"炮王"和250吨的"钟王"，因此克里姆林宫成为俄罗斯备受珍视的文化遗产。此外，克里姆林宫还享有"世界第八奇景"的美誉，是世界著名的观光景点。

在俄罗斯的50元纸钞上即可欣赏到这座极负盛名的建筑物——克里姆林宫（图4-52）。

图 4-52

红场——圣巴西尔教堂

红场总面积约有9万平方米，是莫斯科最古老的广场，位于克里姆林宫东侧，虽经多次改建和修建，但仍保持原样，散发着古朴气息。15世纪末，莫斯科发生一场大火，火灾后的空旷之地被称为"火烧场"，17世纪后又被称为"红场"。在俄语中"红色"有"美丽"之意，因此在1917年十月革命胜利后，红场成为人民举行庆祝活动、集会和阅兵的地方。

红场正前方是圣巴西尔大教堂，这是为纪念伊凡四世（1530—1584）在1552年成功占领喀山而建造的。传说1560年教堂建造完成之后，伊凡弄瞎了所有参与兴建该教堂的建筑师，因为他不想让这些建筑师有机会建造出比该座教堂更富丽堂皇的建筑，可见这座教堂有多么美丽非凡了。

复活节的那一周，圣巴西尔教堂会对外开放，因为它不是天天开放，所以外国游客总是络绎不绝。这座教堂虽在15世纪兴建，又遭逢火灾，但经过修复后的圣巴西尔教堂上，著名的九个洋葱顶仍旧闪耀着缤纷的色彩，仿佛童话故事中的城堡。

俄罗斯1000元纸钞上印制的即圣巴西尔教堂（图4-53）。

图 4-53

石头城津巴布韦

津巴布韦是非洲南部的内陆国家。"津巴布韦"一词来自于班图语，为"石头城"之意，这是因为境内著名的"大津巴布韦遗址"。石头城遗址位于津巴布韦维多利亚堡附近的一个山谷中，这里有一大片石头建筑群，占地720万平方米，分为三部分，山丘上的被称为"卫城"，高达120米，以圆柱塔为中心的部分被称为"神殿"，此间分布着的居住遗迹被称为"谷的遗迹"，这些遗址证明此处曾经有过一段重要的黑人文明。其中"神殿"的图案被用于津巴布韦的硬币设计上。石头城的魅力让联合国教科文组织于1986年将它列为世界珍贵文化遗产。

津巴布韦50元纸钞上的图案即大津巴布韦遗址（图4-54）。

图 4-54

图 4-55

法老的陵墓——金字塔

埃及位于非洲北部，和许多古老文明一样，埃及文明由尼罗河孕育。在河谷中，举目可见悬崖峭壁，其次就是沙漠。尼罗河是两地之间联系的要道，也是维持埃及文明整体性的命脉。

埃及的金字塔建于4500年前，是古埃及法老死后的陵墓。埃及金字塔的建造过程至今仍是个谜。陵墓是用大石块修砌而成，因形似汉字的"金"字，故译作"金字塔"。位于吉萨高地的胡夫金字塔是埃及现存规模最大的金字塔，被誉为"世界古代七大奇观之一"，它建于约公元前2670年。据考证，为建胡夫金字塔，一共动用10万人工，耗费20年时间。这座伟大的建筑物于1979年被联合国教科文组织选为世界珍贵文化遗产。

在埃及的纸钞上即可看到金字塔的样貌（图4-55）。

以为是海市蜃楼，却是希巴姆老城，

以为听到了圣灵之声，结果是众人对蒂卡尔的赞声，

以为过了一千零一夜，殊不知是萨那古城所给予的缤纷细节……

运动总是让人为之疯狂

藤球在缅甸人脚下不敢张狂，

阿富汗骑士铆足全力，只为争夺一只无头羊，

不管在何方，运动总是让人为之疯狂。

用脚踢的排球

缅甸是一个位于东南亚的国家，西南临安达曼海，西北与印度和孟加拉国为邻，东北靠中华人民共和国，东南接泰国与老挝。缅甸在经济方面以农业为主，尤其依赖农产品的出口来赚取外汇。

据史料记载，藤球的发展已有超过1000年的历史，有人认为它起源于缅甸，也有人认为它来自马来西亚，但真相已不可考了。藤球在很久以前就出现在泰国、缅甸及马来西亚，是十分普及的运动，其规则与排球类似，介于排球、篮球、足球之间，不同的是，藤球以脚代手，因此又被称为"脚踢的排球"。近年来，缅甸藤球协会不断努力改良藤球运动，使它由带有艺术性的娱乐活动，逐步转变为锻炼身体的体育运动。

FIVE K

164

图5-1是一张由缅甸政府发行的5元纸钞，其背面印有由6个人组成的藤球大赛，可见这项运动在缅甸是一项非常普及的传统运动。

图 5-1

运动天地狮子城

新加坡四面环海，是位于马来半岛南端的一个岛国。它的历史充满香料贸易、海盗传奇与殖民色彩。7世纪时，新加坡曾是苏门答腊古帝国时期的贸易中心。13世纪时，一位苏门答腊王子首度来到新加坡岛游历，意外发现一只像狮子的奇兽，王子描述它"行动敏捷而美丽，艳红的身躯，漆黑的头"，于是将此地命名为"新加坡拉"，在马来语中，"新加"是指狮子，"坡拉"是城的意思。这便是新加坡和狮子城名称的来历，也从此沿用至今。

新加坡是个体验各式运动的好地方，体育运动早已成为新加坡人民生活中不可或缺的一部分，一到周末，海滩、公园等地都能看到他们畅快恣意地享受着流汗的快感。新加坡人在许多运动比赛中都有不俗的表现，不论是当地的体育活动还是国际赛事，新加坡人都会热情地参与。

图5-2是新加坡的10元纸钞，背面印着新加坡人民正参与多项体育活动，包括足球、网球、游泳、划船等，可见新加坡是个体验运动激情的好地方。

图 5-2

图 5-3

骑士们的血腥之战

"阿富汗"一词原本的含义是"骑士的国土"。这是一个由多民族组成的国家,多数人民都笃信伊斯兰教。阿富汗位于亚洲中南部,物产并不丰隆,但由于其特殊的地理位置,自古以来即为异族迁移及侵略的必经之路。又因为阿富汗本身政权不稳,长年处于战火之中,人民生活极度不安。

由于它特殊的地理及环境因素,使得阿富汗全国性的传统运动具有浓厚的血腥色彩。这项运动由数十位骑士在广场中争夺一只无头羊的身体,谁能够力抗群雄,并将猎物带至指定终点,再重新绕回场中,就是胜利者。

图5-3是一张阿富汗的500元纸钞,右侧印有一群身着阿富汗传统服装的骑士,他们个个英姿焕发,展现了阿富汗民族强健的体魄及强悍的民族性格。

见证历史兴衰的一条河

柬埔寨位于东南亚中南半岛，邻近泰国、老挝和越南，1世纪下半叶建国，9至14世纪的吴哥王朝为其鼎盛时期，举世闻名的吴哥文明即创建于此时。但在越战期间，柬埔寨不幸受到波及。从此，这块土地就饱受战火肆虐。

奔流的湄公河见证了历史的是是非非，它将柬埔寨一分为二，河岸上的船屋点点，许多人都住在船屋过着依水而生的日子。湄公河经常在豪雨后泛滥，雨季一到，河水湍急混浊，水位时有暴涨，不论成人、小孩或牲畜都无一幸免，人民常无家可归。柬埔寨许多地区因缺少地下水、井水等设施，当地居民只好直接饮用河水，便衍生不少传染病问题。

图5-4是一张100元的柬埔寨纸钞，纸钞背面印着数十人乘坐在一艘船上，大伙儿努力划着船桨要渡河，象征柬埔寨人民与湄公河搏斗的志气和勇气。

图 5-4

图5-5

枫叶之国的冰上运动

加拿大的国土面积排名世界第二，横跨六个时区，包含十个省份及两个领地，是个生态天堂。加拿大境内有连绵起伏的山脉及幽静的森林，以及举世闻名的风景名胜——尼亚加拉大瀑布。

加拿大境内有许多河流及湖泊，不论钓鱼还是水上运动，都是极佳的选择。而班夫国家公园、加拿大洛基山脉以及不列颠哥伦比亚省的惠斯勒滑雪胜地，都让各国的游客流连忘返。当太阳升起时，璀璨的光芒从冰河表面折射出来，光影交错之际，充满迷幻的美丽，这就是吸引无数滑雪爱好者一再登临此地的原因了。

如图5-5所示，加拿大的5元纸钞背面，印着一群人在冰天雪地里玩曲棍球的情景，如实地记录了冬季的加拿大，全国人民对曲棍球疯狂的情形。

长白云之乡的极限运动

　　新西兰是位于太平洋西南部的岛国，有"长白云之乡"的意思。这里环境清新、气候宜人，吸引了不少来自世界各地的游客，也有大批移民者来此定居。新西兰的景观也富于变化，北岛以火山和温泉地形为主，南岛却多冰河和湖泊，差异极大。沸泉、喷气孔、沸泥塘和间歇泉都成为新西兰的观光特色。

　　新西兰人积极地从事各项户外活动，不论是上山下海，甚至空中的户外活动，都勇于挑战。根据市场调查报告显示，新西兰人民在运动休闲方面的花费比其他国家要高出许多，可见新西兰人民对体育运动的重视。

　　图5-6是一张新西兰的10元纸钞，背景是新西兰独特的高山与湖泊，在这壮丽的大自然景观下可看到冲浪、滑雪、划船、登山等户外活动项目。

图 5-6

除了面包，

教育是人民的第一需要

6

贫者因书而富，富者因书而贵，

我想除了面包，教育将是人民的第一需要。

足球制度比教育制度健全

　　巴西联邦共和国位于南美洲，是南美洲面积最大、人口最多的国家，也是个多种族融合的国家。

　　巴西教育水平不高，学生每天在校的学习时间很短，平均为4小时15分钟，学生的留级率是拉丁美洲最高的国家，因此穷人想要借由教育来出人头地的机会并不大。不过，许多巴西人都抱持一个足球梦，因为巴西的足球制度非常健全，球员的薪水也很高，因此进入足球界发展，成为改变命运的好途径。

　　2005年，巴西政府发现许多工人因为不识字而看不懂警告标语，造成职业伤害，因此政府决定开办成人识字班，让工人下班后免费接受阅读、算术与基础科学课程，这不只关系到劳工安全，更关系着国家发展与竞争力。图6-1这张1000元纸钞印着一群学童正努力学习的情形，显示了巴西政府要彻底实行全民教育的决心。

图 6-1

图 6-2

语言与道德培养双管齐下

新加坡是一个由多民族组成的国家，面对此情况，新加坡第一任总理李光耀提出方针：教育体制应该致力于培养国民团结友爱、共同创业的精神，才能突破多民族产生的藩篱，因此新加坡政府决定借由教育制度，让国内各民族对新加坡产生认同感，并产生共同价值体系，一起为新加坡努力、奋斗。

为了使国民能够接受统一的道德准则并加强国民竞争力，新加坡政府采用双语政策，除了要求学生学习英语，还要兼通母语。此外，又推行"资讯科技教育"，使新加坡人民受到良好的道德教育，进而培养其识字、算数、双语、体育、创新和独立思考的能力。在新加坡政府的努力推动下，新加坡的整体国民素质有了较大的提高。

图6-2是新加坡2元纸钞的背面图，学生认真听课的专注精神，显示了新加坡政府对教育的重视。

观光发展所衍生的多角冲突

　　印尼位在亚洲南端，沿着赤道附近的几个大大小小的岛屿，都是它的属地。除了几个发达的都市外，印尼的多数地区仍是原始而落后。因为印尼长期受荷属东印度公司的殖民统治，荷兰除了大肆掠夺当地盛产的香料、农产品之外，对印尼的建设却乏善可陈，因此印尼的农业仍停留在原始人力劳动阶段。印尼近些年曾发生经济危机，又接连遭逢政治斗争，社会因此动荡不安，直到

印尼的领导人改选后，才让印尼走向民主之路。

在印尼，有许多著名的度假型岛屿，其中巴里岛早已闻名全世界，是著名的度假天堂，然而在开发观光产业的同时，印尼人民渴求进步的呼声与环保人士要求的生态平衡，正冲击着这个国家下一步的发展策略。保存原始景观，提升人民生活水准，抑或发展观光收入，这三者该如何取得平衡，都是印尼人民该共同思考的。

教育水准提升后，人民才有思考的能力，在这几年的总统选举中，教育问题显然已成为热门话题。自苏西洛担任总统以后，印尼政府开始积极推动教育制度改革。图6-3是印尼的20000元纸钞，一群学童认真地上课，而老师也尽责地从旁指导。这张纸钞提醒着所有印尼人民，唯有透过教育才能彻底摆脱贫穷和落后。

图6-3

图 6-4

不太重视"隐私"的萨摩亚人

　　萨摩亚位于太平洋南部，由2个主岛及7个小岛组成。萨摩亚人生活悠闲，别有一番独特风情，传说中神奇的面包树产地就在这里。有人开玩笑说，一个萨摩亚男人，只要花点时间，种几棵面包树，就算是一个有责任的男人了。因为，这些面包树所结的果实，足够吃上一整年。萨摩亚人会把这种树结出的　面包　切成小片用火烤，就成了让人齿颊留香的美食。

OTONU
SAMOA

A

LEGAL TENDER IN

MATATA

萨摩亚居民坦率开朗，他们的房间和生活点滴可以直接从屋外观看。他们不像西方人那么重视隐私，也不愿设置人与人之间的障碍物和法律条文，若问他们怕不怕小偷，他们总是呵呵一笑地回答："那种'文明'还没有传到萨摩亚啦！"

图6-4是萨摩亚的5元纸钞，印有一位小学童专心写字的模样，或许萨摩亚政府终于了解到神奇的面包树仅能作为果腹之用，要让国家更具竞争力，唯有透过教育策略，才能提高国民的知识水平。

R OF FINANCE

多树之地——危地马拉

危地马拉的国名来自印第安语，意思是"多数之地"，境内有高原火山、热带雨林、火山性砂岸平原，有一半以上的土地是茂密的热带森林。玛雅文化遗址几乎是以危地马拉为中心，玛雅文明的最大城镇——蒂卡尔，是目前全球唯一被联合国教科文组织同时认定为自然与人文保护区的地方。此外，危地马拉所产的咖啡无论是酸度、浓醇度、香味皆是世界一流。

危地马拉人民贫富不均的现象很严重，文盲率也高达21％，占人口比例1%的居民拥有全国60％以上的财富和资源，贫富差距的问题亟待解决。如何解决贫富差距？危地马拉政府认为改良教育政策不失为一个好方法。图6-5是一张危地马拉的5元纸钞，背景是一间教室，师生们正其乐融融地在学习。

图 6-5

图 6-6

图 6-7

闻名遐迩的蒙特梭利

玛丽亚·蒙特梭利是意大利著名的教育家，她相信对智能不足的儿童来说，最重要的是教育，因此她建议政府应该设立特别学校，为特殊孩童提供特殊教育。1899年，蒙特梭利获得意大利教育部长圭多·巴切利的授命，在罗马举办一系列关于精神障碍儿童的教育演讲。对外公开演讲的同时，蒙特梭利更研究出针对语言课程和数学教育的特别教学法。

1907年，蒙特梭利在罗马劳工区成立儿童之家，帮助弱势家庭。她在这个时期得到许多启蒙和临床经验，进而发展出蒙特梭利教学法，此种特殊教学方法已闻名全世界，让无数儿童受到启发和帮助。

图6-6是1000元意大利纸钞的正面，印有伟大的意大利教育家蒙特梭利的肖像；其背面（图6-7）是一个女孩正专心地指导小男孩读书写字，意大利政府对教育当真是不遗余力。

贫者因书而富，富者因书而贵

　　赞比亚位于非洲中南部，旅游资源丰富，最具代表性的旅游景点维多利亚瀑布曾被联合国教科文组织列为世界第七大自然奇观。1964年，赞比亚宣告独立。独立后的赞比亚与东西方各国都保持良好的关系，并接受各国援赠，在交通建设、农业生产等方面皆得到了相当大的协助，现在已成为非洲较富有的国家之一。

　　所谓"贫者因书而富，富者因书而贵"，即使赞比亚的各类资源不虞匮乏，但是他们仍然很重视教育问题。图6-8是赞比亚的2元纸钞，纸钞右边是赞比亚的现代化建筑，左边则是一位女老师正悉心指导一个小学童的情景。

图6-8

图 6-9

为教育免单的非洲小国

厄立特里亚是非洲东北部的一个小国家，东临红海，面积为124320平方公里，人口总数逾400万。首都阿斯马拉基本上是在殖民时期建成的，所以阿斯马拉也被誉为非洲的"小罗马城"。漫步在阿斯马拉市中心时，感觉如同置身欧洲一样。

厄立特里亚经济状况不佳，旅游业是主要的支柱产业。尽管厄立特里亚不太富裕，但所有公立学校都是免费的，包括大学。目前，该国政府正着手提高高等研究学院的质与量，希望能将其推进至一般大学的水准，同时，政府还大手笔地增加各项实验器材，以方便科学研究。图6-9是厄立特里亚的1元纸钞，一群孩子们正享受着读书的乐趣。

探索与创新，将是

科技与经贸的幕后推手

别以为甘比亚人只会牧羊，

别以为香港人只懂煲汤，

若没有梦想，就没有前进的力量！

花生国冈比亚

冈比亚共和国是一个英语系国家，位于非洲西岸，是非洲大陆最小的国家，面积约10380平方公里。1965年，冈比亚脱离英国殖民统治宣布独立，是世界上最不发达国家之一。冈比亚的经济以农业为主，土壤并不肥沃，主要种植物为花生，因此冈比亚被称为"花生之国"。

冈比亚共和国是疟疾肆虐的危险警戒区，医疗资源又非常缺乏，在这种种因素作用下，该国人口的平均寿命只有50岁，且婴儿死亡率偏高。虽然冈比亚是非洲的落后国家，不过政府想要推动国家现代化进程的意图很明显，图7-1是冈比亚的10元纸钞，背面印有一个大型的卫星接收器，用来接收人造卫星的讯号，这张纸钞显示冈比亚已有了现代科技的概念。

图 7-1

重视探索与革新的加拿大

在100元加拿大纸钞背面上，右侧印有加拿大的地图、卫星图像及通信天线（图7-2），左侧有萨缪尔·德·尚普兰在1632年所绘制的最早地图及探险用的独木舟，充分表达出探索与革新的含义。

图 7-2

城市国家——新加坡

　　新加坡共和国俗称星洲，新加坡人则自称本国为狮城。新加坡是东南亚的一个岛国，也是一个"城市国家"，位于马来半岛南端，除了本岛之外，还包括周围数个小岛。

　　由于地理位置特殊，新加坡在第二次世界大战前一直是英国在东南亚最重要的据点。 1942年至1945年曾被日军占据达三年半之久，之后重归英国管辖。1965年宣布独立后，由李光耀总理领导，从此新加坡脱胎换骨，以政府官员清廉、法制完善、执法效率高、市容整洁闻名全世界。如今，新加坡已跃升为富裕的发达国家，不仅是"亚洲四小龙"之一，也成为亚洲最重要的金融、服务和航运中心。

　　新加坡25元的纸钞，不论正面（图7-3）还是背面（图7-4），印在纸钞上面的图案都是高耸入云的摩天大楼，代表着新加坡政府对促进现代化发展有不容忽视的雄心与气魄。

图 7-3

图 7-4

东方之珠——香港

香港是一座繁华的国际化大都市，它地处珠江口以东，北接广东深圳市，南望广东珠海市的万山群岛，西迎澳门特别行政区。1842年至1997年，香港是英国的殖民地。1997年7月1日，中国对香港恢复行使主权。

中国香港是国际重要的金融、服务业及航运中心，也是继纽约、伦敦之后的世界第三大金融中心，为全球最安全、富裕、繁荣和宜居的城市之一，有"东方之珠"、"购物天堂"等美誉。香港是中西文化交融的地方，以廉洁的政府、良好的治安、自由的经济体系以及完善的法治闻名于世。

图7-5是一张20元港币的正面图案，纸钞的左方印有中银大厦，该大厦由贝聿铭建筑师事务所设计，于1990年完工，楼高367.4米，是香港最高的建筑物，结构上既特殊又严谨，采用巨形钢柱支撑，室内没有一根柱子，完全是以变化的几何图形呈现。中银大厦外形像竹子，正符合"节节高升"的含义，也象征着蓬勃的生机和精锐进取的精神。建筑物基座的麻石外墙，让人联想到长城，代表它发轫于中国。

图7-6是20元纸钞的背面，映入眼帘的是一座座雄伟的摩天大楼，这些景象都是香港现代化的象征。

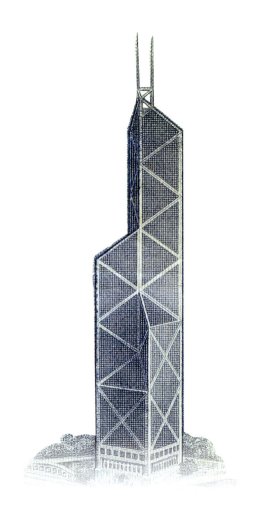

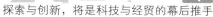

图 7-5

图 7-6

东南亚宝石——马来西亚

马来西亚深富文化和历史价值，更被评为"非去不可"的国家之一。马来西亚除了拥有宏伟秀丽的自然景观和雄浑壮阔的建筑特色外，当地居民似乎与生俱来的有着热情好客的天性，这些都使它享有"东南亚宝石"的美名。自古以来，这里一直保持着热带雨林的气息，马来西亚政府也不遗余力地对整体市容进行规划设计，让这个国家呈现出活跃和现代化的都市景观。

吉隆坡的双子塔于1998年落成，建筑高度452米，是世界上目前最高的双子楼。两个独立的塔楼由裙房相连，两座塔都有88层楼，承租给了各大商业机构。

图7-7

图 7-8

　　吉隆坡双子塔是马来西亚石油公司的综合办公大楼，也是游客从云端俯视吉隆坡的好地方。这栋建筑物由培利建筑设计事务所设计完成，建筑风格结合了科技创新和具有伊斯兰教象征意义的八角星等元素，体现了吉隆坡年轻、中庸、现代化的城市个性，突出了标志性景观设计的独特理念。

　　图 7-7 的 2 元纸钞印有人造卫星装置，图7-8的5元纸钞则为马来西亚著名的旅游景点：双子星大楼。这两张纸钞都代表着马来西亚已迈向现代化国家之路。

高山与火山，大自然的奥秘

8

它，让历代皇帝都想登顶封禅；

它，让骚人墨客都想提笔赞叹；

它，不在中国，却被称为"中国寡妇山"。

天下第一山——泰山

泰山位于山东省中部，与孔子的故乡曲阜相邻，地处中国东部，古有"东岳"之称，风景壮丽磅礴，山形拔地通天，故名列五岳之首，更享有"五岳独尊"、"天下第一山"的美誉。

中国人自古即对"泰山安，四海皆安"这句话深信不疑，因此从秦始皇、汉武帝到清代帝王，都曾亲自登临泰山，或封禅，或祭祀，若有重大事由，帝王们甚至会选在泰山上建立庙宇、塑立神像，最后还会刻石题字以兹纪念。中国文人对泰山更是推崇备至，纷纷题诗作文，留下墨迹。泰山景观雄伟，且人文荟萃，两者交互融合，吸引了世界各地的游客前往参访。

第五套人民币的5元纸钞（图8-1）上印有类似水墨画的泰山图案，更凸显了其景致的雄伟壮丽。

图 8-1

图 8-2

五百里黄山

中国银行于20世纪80年代发行的5元外汇兑换券上高耸着一座气势磅礴的大山——黄山（图8-2）。黄山位于中国安徽省南部，南北跨度为40公里，东西宽约30公里，面积在1200平方公里左右，其精华部分大约占地154平方公里，号称"五百里黄山"。关于黄山的神灵传说有很多，据说中华民族的始祖轩辕黄帝曾在此修炼成仙。黄山云雾缭绕，确有几多灵气。

黄山的资源丰富、生态完整，是具有生态环境价值的国家级风景名胜区，也是避暑胜地，自然景观和人文景观俱佳，无数的诗人、画家和艺术家都为之倾心，留下难以计数的艺术作品，从盛唐到晚清的1200年间，赞美黄山的诗词中可考的就有两万余首之多。

喜马拉雅山脉

喜马拉雅山脉山势绵延，在全世界高达7000米的66座主峰中，就有43座在喜马拉雅山脉，因此它被公认为世界最高山脉。珠穆朗玛峰是喜马拉雅山的主峰，也是世界最高峰，海拔高度为8848.43公尺，被称为"世界三极"，另外的两极为南极、北极。1953年，新西兰人埃德蒙·希拉里首度登上珠峰。

由于喜马拉雅山地域辽阔，所以许多国家的钞票图案都以其作为主题。印度的100元纸钞上即可以看到整个庞大的喜马拉雅山山系（图8-3）；尼泊尔的5元纸钞（图8-4）是从向上仰望珠穆朗玛峰的角度设计的。

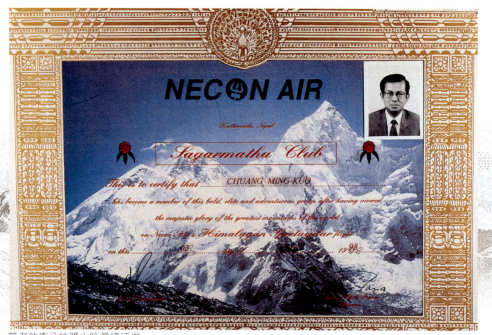

笔者的喜马拉雅山脉赏峰证书

图 8-3

图 8-4

日本圣山——富士山

图8-5是日本500元纸钞，背面是日本第一高峰——富士山，其海拔为3776米，气势雄浑，其他山峰难以超越，圆锥形的山姿秀丽优美，常常被日本人当成绘画和文学创作的题材，它更象征着日本的精神，举世闻名。因为富士山会喷出火山熔岩，居民为了镇压喷发现象建造了神社，每年夏末，日本人都会举行封山祭祀活动。

日本人把富士山奉为"灵峰"、"圣山"，也视樱花树为"神木"、"国花"，它们都是日本精神的象征。1868年明治维新前，在重男轻女的观念影响下，还曾禁止妇女攀登富士山。现在每逢樱花盛开时节，不论男女老幼都会到此赏春集会，瞻仰"圣山"。

图 8-5

图 8-6

中国寡妇山——马来西亚神山

马来西亚的1元纸币（图8-6）上有一座美丽的山，此山即马来西亚的神山——位于马来西亚沙巴州的京那巴鲁山，被誉为"东南亚第一高峰"。京那巴鲁山峥嵘的山势令人肃然起敬，因此被当地人尊称为"神山"，海拔4101米，又名"中国寡妇山"。

关于"中国寡妇山"这个别名，流传着一个悲伤的故事：古时候，一对在中国广东沿海捕鱼的兄弟，不慎遇到台风，随着大浪漂流至沙巴，兄弟俩在因缘际会之下，就在当地娶妻生子，由于思乡心切，便商议让哥哥先回乡探亲，之后再带大家回故乡团圆，怎知哥哥就此失去音讯，大嫂每天站在山上痴痴地遥望大海，直到老死。此山亦由此得名。

神山是许多登山者向往的天堂，从神山上头俯视而下，可以看到热带雨林、沼泽、河流、湿地和海洋，多变的自然景观更孕育出不少的珍禽异兽、奇花异卉和海洋生态。

吉尔吉斯最高峰——胜利峰

吉尔吉斯斯坦是中亚洲的一个小山国，也是古代丝绸之路的必经之地，因为天山山脉环绕着吉尔吉斯斯坦，国境之内多有高山、山谷、盆地，四周皆是海拔超过3000米的高山，山巅上终年积雪，风景优美，这里仿佛是传说中的仙境。

吉尔吉斯斯坦境内的大部分山脉都很高，胜利峰、列宁峰和汗腾格里峰举世闻名。最高峰为胜利峰，高达7439米，为天山山脉的延伸，这里多为游牧民族，塞外的湖光山色有如诗画般的美丽与浪漫，置身其间，宛如人间仙境。

图8-7为吉尔吉斯斯坦的100元钞票，以绵亘的群山来反映壮阔的景色。

图 8-7

图 8-8

亚洲最高休眠火山——达马万德山

　　伊朗位于西亚，古称波斯，是一个拥有4000多年历史的文明古国。达马万德山是伊朗的最高峰，也是亚洲最高的休眠火山，海拔约5600米，山势雄伟，夏天时融化的雪水滋养着山下的田野。著名的滑雪胜地Dizin Resort小镇就位于此山一隅，它已成为全球滑雪爱好者的钟爱之地。

　　在伊朗的10000元纸钞（图8-8）上，可以看到达马万德山的全景，美不胜收。

伟大的小山国——尼泊尔

尼泊尔位于南亚，是一个风景优美的深山小国，曾是亚洲的交通要塞，也是来往印度、中国的必经之路。下页所示的尼泊尔钞票，面值分别为1元（图8-9）、5元（图8-10）、20元（图8-11）、50元（图8-12）。四张钞票的背面都有高山和动物的图案，显示尼泊尔的地理环境与山脉有密切关系。

世人称尼泊尔为"伟大的小山国"。尼泊尔的北部喜马拉雅地区，其海拔在4877米至8844米之间，毫无疑问是世界的"脊梁"，这里有全世界最高的14座海拔超过8000米的高峰中的8座。即珠穆朗玛峰、干城章嘉峰、洛子峰、马卡鲁峰、卓奥友峰、道拉吉利峰、马纳斯鲁峰和安纳普尔那峰。

尼泊尔在山脉环绕中，有座举世闻名的奇旺国家公园，是亚洲最大的森林地，育有珍贵稀有的野生动物，于1984年被列为世界自然遗产保护区。

图 8-9

图 8-10

图 8-11

图 8-12

图 8-13

与政治有不解之缘的索莫尼山

　　塔吉克斯坦为中亚的一个内陆国，是中亚诸国中国土面积最小的国家，于1991年苏联解体后独立，并改名为塔吉克斯坦共和国。

　　科学家曾于1933年在塔吉克斯坦境内的帕米尔高原勘察，找到了塔吉克斯坦的高7495米的山峰，这也是苏联境内的最高峰，并以苏联共产党中央委员会总书记约瑟夫·斯大林的名字为这一新发现的山峰命名，称之为"斯大林峰"，这一山名一直使用到1962年。1962年，它被更名为"共产主义峰"。1999年，为纪念萨马尼德王朝1100周年，塔吉克斯坦共和国举办了国际登山活动，并将原"共产主义峰"改名为"索莫尼峰"。观察这段更改山名的历史，不难发现这座山与政治一直有着不解之缘。

　　在塔吉克斯坦的3元纸钞上即绘有这座秀丽的高山（图8-13），远看山势高耸苍翠，非常迷人。

诺亚方舟最终停泊地——亚拉腊山

亚美尼亚位于亚洲与欧洲的交界处，是一内陆国。1917年，亚美尼亚被英国和土耳其占领，这段历史成为亚美尼亚人心中永远的痛，据亚美尼亚方面的史料记载，1915年至1923年期间，奥斯曼土耳其帝国对亚美尼亚人实施了惨无人道的种族灭绝政策，导致150万亚美尼亚人死亡。

著名的悲剧电影《A级控诉》，就是描述这期间亚美尼亚人被土耳其军政府集体屠杀事件的纪录片。电影原名为Ararat，即亚拉腊山，亚拉腊山相传是诺亚方舟的最终停泊地，一直是亚美尼亚人民的精神象征。

亚美尼亚的50元纸钞上印着一对年轻男女在亚拉腊山下跳舞的情景（图8-14），男舞者的双手各握着一把刀，似乎在提醒亚美尼亚人不能忘记曾被屠杀的历史，一时的欢乐难以抚平心中的伤痛！

图 8-14

图 8-15

人间天堂——少女峰

　　欧洲阿尔卑斯山脉的最高峰是法国的白朗峰(4807米)，最美丽的山脉则是瑞士的少女峰。少女峰终年积雪，有壮丽的冰河，充满灵性与迷人气质，这里还是一个四季都可滑雪、赏雪、登山的旅游胜地。

　　瑞士位于欧洲中部，是一个内陆国，也是永久中立国。多年来，它一直以进步的社会制度与强大的经济实力著称。金融、钟表、观光为瑞士的三大经济命脉，图8-15即为瑞士的20元纸钞，纸钞上可看到一群兴致高昂的游客在少女峰快乐地滑雪嬉戏，少女峰是名副其实的人间天堂。

南美洲脊梁——安第斯山脉

　　安第斯山脉全长近9000公里，是世界上最长的山脉，纵贯南美大陆西部，素有"南美洲脊梁"之称，不但山势雄伟，也拥有最绚丽多姿的自然风景，且地区矿产资源丰富。

　　安第斯山脉有许多海拔6000米以上、山顶终年积雪的高峰，最高峰为阿根廷的阿空加瓜山，也是全世界最高的死火山。

　　图8-16是玻利维亚的10元纸钞，在一片聚集的建筑物背后即宽广辽阔的安第斯山脉。

图 8-16

非洲最危险的火山——刚果尼拉贡戈火山

刚果民主共和国是位于非洲中西部的国家，赤道横贯其中北部，简称刚果（金）。它曾是法国的殖民地，因此该国通用的官方语言是法语。尼拉贡戈火山是刚果民主共和国境内的活火山之一，地处东非大裂谷，位于维龙加国家公园的火山区内，为非洲最危险的火山，火山口最大直径2000米，深达250米，拥有世界上少见的熔岩湖，目前仍不清楚这座火山是在多久以前开始爆发的，但从1882年至今，它最少爆发了34次，尤其以2002年尼拉贡戈火山大规模爆发所造成的损失最为惨重，导致了至少50万人无家可归。

刚果民主共和国的1元纸钞上即印着浓烟滚滚的尼拉贡戈火山（图8-17），看来该国人民对它怀有深深的恐惧。

图 8-17

声震一万里的喀拉喀托火山

东南亚的印度尼西亚共和国，简称印度尼西亚或印尼，由上万个岛屿所组成，是全世界最大的群岛国家，疆域横跨亚洲及大洋洲，别称为"千岛之国"。

喀拉喀托火山位于印尼境内，是近代喷发最猛烈的活火山，海拔达813米，近几个世纪以来已发生过连续性的喷发，其中以1883年8月27日的大爆发最猛烈，曾使一座海岛崩塌大半，远在毛里求斯岛都能够听到这次喷发的剧烈声响，是人类历史上最大的火山喷发之一。这次火山爆发释放出250亿立方米的物质，火山灰喷发到高空后，更随气流飘散至全球，这些火山灰经阳光照射后，在天空呈现奇妙的红晕，甚而能维持一整年。这座火山长年都冒着蒸汽，一直到20世纪70年代才逐渐趋于平静，此后也吸引了不少科研工作者登山观察研究。

印尼的100元纸钞上印着正在爆发的喀拉喀托火山（图8-18），图案上的火山仿佛还燃着熊熊烈火，正所谓"声震一万里，灰洒三大洋，夺命千千人！"可以想见当年火山爆发的威力。

图 8-18

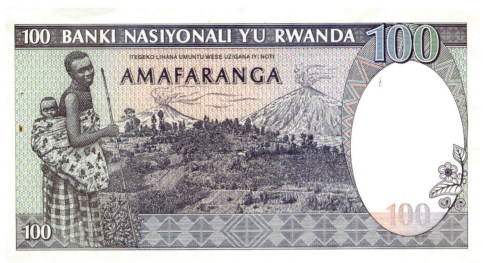

图 8-19

卢旺达的维龙加火山

卢旺达位于非洲中部偏东，是世界上最贫穷的国家之一。境内居民主要为胡图与图西两个种族，欧洲殖民政府为统治方便不断地挑拨族群议题，间接造成了两者的误解与冤仇。1994年4月，哈比亚利马纳总统搭乘的飞机被炮弹击落，此事引发了胡图族人对图西族人的血腥报复，在短短的百日之内，造成了至少八十万人丧生，这就是著名的"卢旺达大屠杀"。

除了政治屠杀事件引人注目外，卢旺达西北部还有着著名的维龙加火山国家公园，其延伸的火山链地形崎岖，为大裂谷的一部分。在卢旺达的100元纸钞上有它的全景图（图8-19）。维龙加火山公园被六座巨大的威伦佳火山所围绕，以丰富的动植物及高山大猩猩闻名于世，维龙加火山公园就以这些特殊景观吸引观光客的目光，为卢旺达带来了可观的旅游收入。

珍稀动物与十二生肖，美丽的徽章

9

大象不用再为马戏赶场，

猫头鹰不用再为哈利·波特送信奔忙，

因为这次，它们将化身为美丽的国家徽章。

海、陆、空——鱼、野鹿、翠鸟

　　西非法郎的纸钞上有许多动物的身影，可以分成海、陆、空三类。2000元纸钞上是海里的鱼类（图9-1）；陆地动物野鹿，则出现在5000元纸钞上（图9-2）；而空中的动物则是美丽的翠鸟，它们出现于10000元的纸钞上（图9-3）。

图 9-1

图 9-2

图 9-3

最美丽的海陆空动物钞票

法罗群岛由位于北大西洋中的18个岩石岛屿组成，是丹麦王国的一个海外自治领。2006年，法罗群岛的纸钞被评为"全世界最美丽钞票"，其设计结合了浓厚的艺术风，钞票上的图案系由瑞典雕刻大师Czeslaw Slania雕刻绘成。虽然少有人会去法罗群岛，但它的一系列关于海陆空动物的钞票，确实值得一探究竟。

法罗群岛50克朗钞票上的主要图案为绵羊，乍看形似海螺，其实是选取绵羊头上的羊角（图9-4）。这显然是因为绵羊为法罗群岛的重要经济来源，故以其作为钞票的主要图案。

图9-4

100克朗的钞票选择了鳕鱼作为其主要图案（图9-5），也是只选取局部的图案——"鱼尾"当做视觉主体。由于捕鱼及海产加工行业是法罗群岛的重要出口项目，故鳕鱼在法罗群岛占有相当重要的地位。

图9-5

200克朗的钞票上则是选择了鬼脸天蛾展翅的姿态作为主要图案（图9-6），展现在钞票上的是精巧且复杂的雕刻技巧，是极为难得的艺术珍品。该钞票于2005年被世界纸币协会（IBNS）评为"最佳纸币"的第二名。

图 9-6

图 9-7

500克朗钞票上的主要图案是螃蟹图（9-7），同样只选择局部的蟹脚入图，整张钞票强调复古的颜色设计，具有怀旧风，少了铜臭味。

钞票的主图多选用法罗群岛的动物，以及当地水彩画家所创作的风景画。由于钞票使用黑色凹版印刷，更显精美。

悠闲的海龟与海鱼

　　全球钞票的动物图案中多为陆地动物和鸟类,较少看到水生动物的设计。在印度洋上、非洲南部的葛摩伊斯兰联邦共和国,有一张印着海鱼的1000元葛摩币纸钞被选为2007年度的"世界最佳纸币"(图9-8)。另一张2500元葛摩币上是只非洲绿海龟悠闲地趴在

图 9-8

图 9-9

海滩上（图9-9）。图
9-10为巴西的100元纸
钞，上面印着东大西洋
石斑鱼。

图 9-10

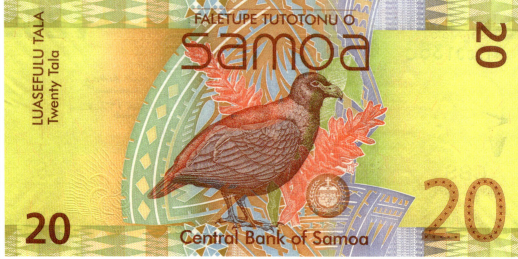

此纸币被世界纸币协会（IBNS）评为 2009 年度最佳纸币首奖。
萨摩亚 20 塔拉的纸钞上印着其国鸟——萨摩亚鸽。

非洲五霸

最常出现在非洲钞票上的动物图案是狮子、豹、大象、犀牛、野牛，这五种动物被称为"非洲五霸"。非洲是飞禽走兽的天堂，南非即以动物图案刻印在纸钞上。图9-11是南非的50元纸钞，右上角有一头气宇轩昂的公狮子。

狮子是大型猫科动物，也是非洲最大的肉食性动物，它们经常懒洋洋地趴在大树下，一旦发现猎物，便会展露其凶猛的猎杀技巧。非洲中部和南部的广阔大草原，是它们绝佳的狩猎场。

狮子是群居动物；一个狮群通常有三到三十多头狮子，领袖经过血腥的战斗产生。而捕捉猎物、照顾幼狮的工作则全由母狮负责，母狮为了磨炼幼狮，会故意把小狮子推到山谷下，让小狮子从谷底爬到山顶。

图 9-11

图 9-12

　　图9-12的南非200元纸钞上印有非洲豹的图案，非洲豹为陆地上跑得最快的动物，百米内即可加速至每小时110公里的速度，它们也善于爬树，是十分凶猛的肉食性动物。

非洲象这个名字是于1825年由乔治·库维叶男爵所命名的。《大象——世界的支柱》一书称，成年的非洲公象高度可超过3.5米，最高甚至到4.1米，体重约4至5吨，最重可达10吨。

一般都认为非洲象野性强烈，不易驯养，其实在公元前2世纪埃及托勒密时期，就已出现了被驯化的象。野生象受过训练后，能适应研究人员的接近。非洲象接受训练后可成为人类的得力助手。19世纪末，比利时的利奥普二世就是最好的驯兽师，他可以借着非洲象的聪敏与硕大的体形，让其主动帮人类猎捕狮子。

图9-13的南非20元纸钞上即印有非洲象的图案。

图 9-13

图 9-14

犀牛是大型哺乳类动物，成年的犀牛身高约1.5米，身长约为3米，重量约在1000公斤。它们最为人所熟知的就是头上的角，及其所保留的史前物种外观。野生的犀牛通常可以活到 35岁左右。由于犀牛角具有极高的价值，吸引了大批猎杀者盗猎犀角，让犀牛的数目骤降，而濒临绝种。近年来，非洲14个国家致力于犀牛的保护工作，犀牛的数量才得以慢慢地回升。

图9-14的南非10元纸钞上印有濒临绝种的动物——犀牛。其古朴憨厚的模样令人有种来自远古的感觉。

图 9-15

　　野牛体形巨大，体重约有700公斤，攻击能力很强。它们的头上有一块白斑，肩部到前背中隆起一个瘤状物；膝盖以下的毛是白色，被昵称为"白袜子"。野牛虽看似憨厚，却十分凶猛。野牛的栖息地目前多遭人为破坏，更因其具有许多经济价值而被过度猎杀，目前野牛已被列入重点保护动物。

　　图9-15是南非的100元纸钞，钞票上的野牛憨厚可爱，难以看出它强大的攻击性。

非洲羚羊分为许多不同的类别，但大多体态轻盈，善于长跑，性格温和，在草原上是很多肉食动物追逐的对象。纳米比亚共和国把羚羊当做钞票的主角（图9-16~图9-20）。

图 9-16

图 9-17

图 9-18

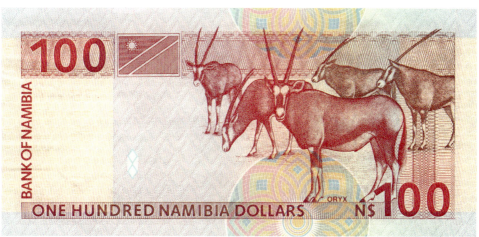

图 9-19

图 9-20

美丽的标章——红耳鹎

新加坡于20世纪80年代所发行的5元纸钞的正面是一只红耳鹎（图9-21）。红耳鹎身长约20厘米，雌雄体色接近，头顶有黑色冠羽，眼睛后方有一块红斑，尾巴后方有红色羽毛，这些都是它们最主要的特征。

红耳鹎常栖息在森林边缘及乡村的林间，喜欢在宽阔地带驻足，常发出轻快悦耳的"布比"声。红耳鹎的繁殖期在3到8月，它们在树上筑巢，每次产蛋3颗或4颗，淡粉红色的薄壳上满布暗紫色纹路，主要分布在马来半岛中部以北，是东南亚人家常饲养的观赏鸟。

新加坡鸟类图案钞票不只这一种，还有一系列美丽的鸟类图案令人爱不释手，如图9-22中印有黑枕燕鸥的1元钞票；以及图9-23中印有黄腹太阳鸟的20元钞票。

图 9-21

图 9-22

图 9-23

仙人的坐骑——丹顶鹤

丹顶鹤的特征——嘴长、颈长、腿长，除颈部和羽毛后面为黑色外，其余皆为白色，最具特色的就是头顶。丹顶鹤的头顶皮肤裸露在外，呈鲜红色，而因此得名。它们的体态优雅、红白分明，亚洲人视之为吉祥、长寿的象征，在亚洲的神话故事中，它们常为仙人的坐骑。丹顶鹤是东亚地区的特有鸟种，在中国、俄罗斯和日本等地都可以看到它们的踪迹。丹顶鹤每年都会在繁殖地和过冬地之间迁徙，只有在日本北海道的丹顶鹤是当地的留鸟，这可能与当地人习惯性喂食

有关，因为冬天食物来源充足，因此它们不再需要迁徙。日本北海道的阿依努人把生活在钏路湿地的丹顶鹤称为"湿地之神"，不仅给予食物，且刻意保护，日本人甚至将它们称为国鸟，北海道设有钏路市丹顶鹤自然公园。

自古以来，亚洲人都特别喜爱丹顶鹤鲜丽的羽毛，使它们常遭到猎杀，虽然近年许多国家都设立相关保护法令，禁止人为的猎杀，但目前丹顶鹤的重要死因却是不肖人士的投毒猎捕。

丹顶鹤为国家一级保护动物，是世界自然保护联盟（IUCN）红皮书中的濒危物种，也被列入《濒危野生动植物种国际贸易公约》（CITES）中。日本政府为保护丹顶鹤的繁殖，将丹顶鹤列为"天然纪念物"，并在该国的1000元纸钞上刻印其优雅的身影（图9-24），希望唤起人们对丹顶鹤的珍视与爱护。

图 9-24

神之鸟——天堂鸟

天堂鸟的名称起源于新几内亚，该地名在方言中有"神之岛"的含义。传说在1522年，当时的西班牙冒险家麦哲伦完成香料群岛探险，自印尼摩鹿加群岛带回天堂鸟的标本后，西班牙人发现这只制成标本的鸟没有脚，以为它们天生无足，而对其开始有了奇异幻想，西班牙人甚至幻想这种鸟只生活在天堂，故将它命名为"天堂鸟"。后来，人们才发现这只鸟的脚其实是被当地土著制成了勇士的头饰。

天堂鸟为燕雀目，极乐鸟科，体形中等，最特别的是在头部、胸部及翅膀处会长出各种饰羽，且会因阳光照射而产生不同程度的虹彩，尤其是它们那一身华丽的羽翼，令人啧啧称奇，成为最引人注目的地方。尤其是萨克森天堂鸟，它身长约22厘米，眼睛后面有长达50厘米的蓝白色旗羽，鲜艳夺目。该鸟的标本在1894年被送往欧洲博物馆时，因外形太过鲜艳夸张，有仿制之嫌，而遭博物馆退回。

天堂鸟品种繁多，大致以东经141度为分界，以东的新几内亚有33种天堂鸟，以西的印尼领地有29种天堂鸟。不论是哪里出产的天堂鸟，都称得上是世界上最美丽的鸟。印尼的20000元纸钞（图9-25）和新几内亚的10元纸钞（图9-26）都有天堂鸟的美丽身影。

图 9-25

图 9-26

图 9-27

美丽的眼睛——蓝孔雀

　　蓝孔雀主要产于巴基斯坦、印度和斯里兰卡，只要在海拔1500米以下的茂密丛林，都可发现它们的踪影。蓝孔雀是印度的国鸟，它常吃幼小的眼镜蛇，帮印度人除掉害虫，因此在印度非常受欢迎。

　　雄性蓝孔雀总长度可达2米，重4～6千克。上部的尾羽可以竖起来像一把扇子般地开屏。尾羽上反光的蓝色"眼睛"可用来阻挡天敌接近，因为天敌会误以为这是大型哺乳动物的眼睛而不敢靠近，假如天敌仍不为所动的话，蓝孔雀还会抖动其尾羽，发出"沙沙"声以达到吓阻作用。除此之外，它还可以借此吸引雌性蓝孔雀的注意。印度10元纸钞上印有蓝孔雀的身影（图9-27）。

美洲翠鸟

翠鸟的羽毛色泽鲜艳绚烂，它们身上的羽毛经过特殊加工后，可以用来装饰女性的帽子、眼镜袋、小饰品等。在18至19世纪，翠鸟曾被大量地捕杀。虽然翠鸟繁殖容易，一只母鸟一年可抚育三只雏鸟，却由于它们栖息的环境遭到人为破坏，加上它们畏寒，对霜雪的抵御能力很弱，因此已被列入濒临绝种的动物名单。

加拿大的5元纸钞将翠鸟的美丽影像呈现在世人的眼前（图9-28），提醒人们不要再捕捉无辜的翠鸟，这不失为一种保护动物的好办法。

图 9-28

让渔翁得利的鱼鹰

　　鱼鹰是以捕食鱼类为生的鹰鸟，鱼鹰遍布世界各地，不同品种捕食的方式也不同。鱼鹰捕鱼时将整个身体潜进水中，且鱼鹰大多单独在海边、河口、沼泽及湖泊等水域环境活动。

　　聪明的渔夫以稻草系住鱼鹰的喉部来控制鱼鹰，使鱼鹰以鸟喙捉到鱼后，只可吞下小鱼，而大鱼即成了渔民的食物。此外，为方便控制鱼鹰，渔民会用细绳将鱼鹰的脚系在竹筏上，避免鱼鹰飞远。

　　加拿大政府将鱼鹰俯冲而下，捉取鱼只的威猛画面印制在10元的纸钞上（图9-29）。此外，在赞比亚的500元纸钞上也可觅得鱼鹰的踪影（图9-30）。

图 9-29

图 9-30

图 9-31

哈利·波特的信差——猫头鹰

　　猫头鹰属鸮形目，是加拿大魁北克的吉祥鸟，全世界有超过130个品种。除了南极洲，世界各地都有它们的身影。大部分的猫头鹰都是夜行性肉食动物，猫头鹰的眼睛及耳朵构造特殊，全身还长着松软的羽毛，飞起及落下的声音很小，在夜间它们有超强的猎捕能力，但猫头鹰的幼鸟死亡率极高，这是因为幼小的猫头鹰之间有严重的同类攻击行为。鸟类学家统计，每年约有25%的成年猫头鹰自然死亡。成年的猫头鹰是捕鼠高手，根据鸟类学家的统计，一只猫头鹰一个夏天可捕食一千只老鼠，而一只老鼠一个夏天要消耗粮食一千克，依据这样的推算，一只猫头鹰在一个夏天可为人类保护一吨粮食，足见猫头鹰对人类是一种益鸟，而它们也极度需要人类的保护。

　　加拿大的50元纸钞上印有猫头鹰可爱温和的模样（图9-31），希望能借由这张钞票呼吁世人保护猫头鹰。

别再叫我鸭子啦——潜鸟

潜鸟的外表像鸭子，但它和鸭子是完全不同的鸟类，潜鸟属于潜鸟目，鸭子则为雁形目。之所以被称为潜鸟，是因为它们的潜水时间可以超过一分钟。潜鸟虽然擅长游泳和潜水，却因为它们的脚趾间有很大的脚蹼，几乎无法在陆上站立或行走。潜鸟的食物相当广泛，包括鱼类、甲壳类和软体动物、乌贼，这也是潜鸟和鸭子的差别。

在繁殖季节，潜鸟居住在美洲及欧洲北部的森林和苔原地带；在冬季来临前，它们会迁徙到非洲南部和中美洲。

加拿大20元纸钞上即可看到潜鸟在湖边戏水的画面（9-32）。

图 9-32

飞行时呈V形的加拿大雁

加拿大雁属鸭科黑雁属种类，是群居性鸟类，喜栖息在湖泊、沼泽，以及水流平缓处，在加拿大五大湖地区可看见大量的加拿大雁群。加拿大雁也可适应城市环境，在整齐漂亮的草地、池塘旁边、高尔夫球场、小镇公园都可见到它们的身影。

加拿大雁的食物来源包括水生植物、陆生野草、农作物，但它们不吃鱼类。当一群加拿大雁从空中飞过，会排列成V形，且其迁徙路线会因栖息地和食物源头改变而变动。

加拿大雁曾在20世纪50年代被认定为濒临绝种动物，直到1962年，政府制定狩猎相关法律，并加强对加拿大雁栖息地的保护措施之后，其数量才逐渐回升。

加拿大100元纸钞上可见在滨水湖泊边飞翔觅食的加拿大雁（图9-33）。

图 9-33

图 9-34

忠心的知更鸟

知更鸟是著名的鸟类，它的羽毛鲜艳、歌声动人，受到很多人喜爱。知更鸟一生大多只有一个伴侣，是忠心的鸟类。不过知更鸟具有独行侠性格，少与其他同伴亲昵互动，对领土有强烈的保护意识。知更鸟有很多不同的品种，各品种的外形也有很大差异，如欧洲知更鸟以及美洲知更鸟在分类上虽都是鸫科鸟类，但在体形、颜色上很难找到共同点。

美洲知更鸟分布于加拿大、美国和墨西哥，地区相当广泛。知更鸟在冬天为了取暖，会和其他鸟类群共栖一处；一到2月份，美洲知更鸟会向北迁移，在树林、花园、公园等处，都可能看到它们的踪迹。知更鸟的数量在20世纪初急剧减少，有部分原因是家雀和八哥进驻知更鸟的巢穴。加拿大政府对生态极为重视，对知更鸟也极力保护，在加拿大2元纸钞上可以看见知更鸟的俊俏模样（图9-34）。

粉红云霞——红鹤

巴哈马位于中南美洲，面积仅13900多平方公里，在这块土地上生存的鸟类却有200多种。其中，红鹤有50000多只，是世界上红鹤最多的国家，因而有"红鹤之乡"的美誉。

红鹤这个名字源自拉丁文的"火焰"，红鹤身高1.2米，全身披着粉红色羽毛。火鹤是因为食物的关系，羽毛才变成了粉红色，当它们成群地在天空飞翔时，就像一片粉红色云霞。巴哈马流传着一则关于红鹤的优美神话，说红鹤能活500年，在它临终时，还会用翅膀扇起一团熊熊火焰，红鹤能在灰烬中浴火重生，故在当地被奉为"神鸟"、"火焰鸟"。令人想不到的是，红鹤的羽毛不论如何美艳，一旦离开红鹤身上，立刻会变为白色。

在巴哈马独立之前，当地政府对红鹤大肆猎捕，并以高价贩卖到欧美各国，使红鹤几乎灭绝。巴哈马于1973年独立后，才把红鹤定为国鸟，更成立"保护红鹤委员会"，严禁任何投机分子捕杀红鹤赚取外汇，并将大伊纳瓜岛列为"禁猎区"，如今此处已成为红鹤的乐园。

巴哈马1元钞票的左侧可依稀见到数只红鹤美丽的身影（图9-35）。

图 9-35

图 9-36

旋转大师——扇尾鹟

扇尾鹟分布在大洋洲，身长大约20厘米，单独活动，偶尔成对出现，在林间活动时常竖起尾巴，远看像一把打开的扇子，每跳一次就会出现90度到180度转身，还会发出吱吱的鸣叫声。扇尾鹟的繁殖季节在每年的3~7月，它们会将巢穴筑于森林或石洞内，鸟巢由细草构成，呈现杯状。

新西兰的1元纸钞上可看见扇尾鹟的倩影（图9-36）。

图 9-37

森林女神——蜂鸟

蜂鸟因拍打翅膀发出的嗡嗡声而得名。它们的分布区域很广泛，遍布中美洲及南美洲，种类繁多，约有300种，是世界上最小的鸟，最小的蜂鸟全长不过5.5厘米。蜂鸟的飞行本领很高，被人们称为"神鸟"、"彗星"、"森林花神"和"花冠"。它们能在花前悬空逗留，吸食花蜜，还有倒退飞行的本领。

为了快速拍打翅膀，蜂鸟必须提高自身的新陈代谢，心跳更要达到每分钟500下。因此，蜂鸟每天要消耗大量的食物，为了获取巨量的食物，它们每天必须采食数百朵花，有时候还得忍受好几小时的饥饿。

在巴西的1元纸钞上，有母蜂鸟喂食小鸟的动人模样（图9-37）。在新西兰的2元纸钞上，也可以看到蜂鸟在花间采蜜的美妙姿态（图9-38）。

图 9-38

真的能预知天气吗？ ——鸸鹋

　　鸸鹋又被称为澳洲鸵鸟，它们只分布在澳洲，是鸸鹋属唯一的物种。鸸鹋其貌不扬，却有很高的经济价值，为澳洲的国鸟。鸸鹋是世界上仅次于鸵鸟的第二大鸟类，身高1.5～2米，体重45～60公斤，鸸鹋虽有一对细小的翅膀，但已经不会飞行。它们可以快速地跑一段很远的路程，最快速度可高达每小时50公里。

　　在澳洲，民间传说鸸鹋有预知哪里会下雨的神秘能力。这虽无科学根据，但据饲养过鸸鹋的农民观察，鸸鹋确实能感受到轻微的天气转变，尤其对遥远的雷声，有敏锐的反应。

图 9-39

1988年，鸸鹋受到法律保护，政府准许人民自由购买鸸鹋雏鸟，许多土著和欧洲人纷纷投入养殖鸸鹋的行列，鸸鹋商品的市场也快速地发展。目前澳洲有250个鸸鹋农场。澳洲的1元纸钞上可以清楚地看见它们轻巧的身影（图9-39）。

不会飞的海鸟——企鹅

　　企鹅是不会飞的海鸟，原名"肥胖的鸟"，也是海鸟中种类最多、数量最庞大者。现存于世的企鹅有18种。企鹅家族对气候的适应力极强，较为人所熟悉的是生活在南极冰原的帝企鹅和阿德里企鹅，它们能在零下25℃的严寒环境生活。帝企鹅是企鹅家族中的"巨人"，体长120厘米，它们以捕食海中的小鱼和甲壳类动物为生。据科学家观测，南极大陆麦克默多湾附近的冰山正迅速向南极洲海湾漂移，这将会挡住几万只企鹅的觅食水域，对企鹅的生存形成重大威胁，可能导致它们大量死于饥饿。

　　图9-40是南极的1元钞票，如实地描绘出企鹅们在广阔严寒的南极大陆海岸边觅食的情形。我们期望地球所有的居民们能合力对抗暖化现象、阻止冰山融化，让这些可爱的企鹅得以生存下去。

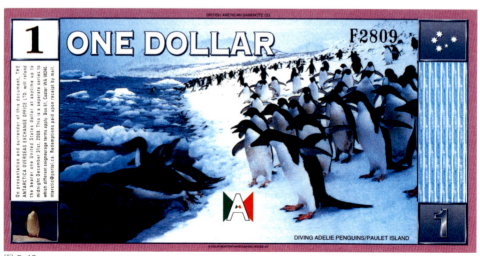

图 9-40

图 9-41

　　黄眉企鹅，身高约40厘米、体重约4公斤，身上最特别的是一道从鸟喙部分一直延伸到头部后方的黄色冠羽，像一道滑稽的眉毛。黄眉企鹅与其他冠羽企鹅的最大区别是其眼睛下方的白斑。黄眉企鹅的个性非常害羞，它们在新西兰已定居千年，却是当地三种本土企鹅（黄眉企鹅、蓝企鹅、黄眼企鹅）中最晚被研究，也最珍贵稀有的企鹅。

　　黄眉企鹅分布在新西兰最南边的南部湿地、峡湾和斯图尔特岛。猫、狗、鼬等动物的入侵给黄眉企鹅的生存带来严重威胁。目前估计黄眉企鹅数量少于1500对。新西兰政府于2005年将黄眉企鹅评选为新西兰套币主题币的最佳主角，在新西兰的5元纸钞上也可见到此娇客的身影（图9-41）。

全球濒危的动物

世界自然基金会(WWF)调查发现，全球前十大濒危的物种中，几乎都是动物，希望大家都能保护岌岌可危的物种，让它们免遭灭绝。

以下越南共和国500元纸钞上的老虎，印度10元纸钞上的大象、老虎、犀牛，南太平洋库克群岛3元纸钞上的鲨鱼，卢旺达5000元纸钞上的大猩猩，尼泊尔100元纸钞上的犀牛，全是濒危动物（图9-42~9-46）。

图 9-42

图 9-43

图 9-44

图 9-45

图 9-46

图 9-47

沙漠之舟——骆驼

　　西非的撒哈拉沙漠，虽然看似了无生气，却栖息着许多能适应沙漠干旱气候的动物，例如骆驼。非洲骆驼为单峰，且多为人类所驯化饲养。

　　骆驼具有超乎异常的适应能力，适合居住在险恶的沙漠环境。骆驼在沙漠中往返，替人类运载商品；为了保留水分，可以连续好几天不饮水，且体温会提高，以减少排汗量。此外，骆驼的排泄物是高浓缩的尿液和干燥的粪便，它的牙齿特殊，可以咀嚼沙漠中粗糙坚韧的植物，驼峰里所储存的脂肪可以让它存活一段相当长的时间。它们被称为"沙漠之舟"，是横渡沙漠时的好伙伴。

　　西非法郎的1000元纸钞上即有它们的身影（图9-47）。

十二生肖

　　在动物钞票的收集中，以民间传统的十二生肖最为有趣，也最不容易收集。其中牛、马、羊最多，鼠、兔最少，虽有鸡与狗的钞票，但图案太小。

　　十二生肖的钞票来自不同的国家：鼠（5元的苏格兰币）、牛（500元的坦桑尼亚币）、虎（500元的越南币）、兔（1元的白俄罗斯币）、龙（100元的中国纪念币）、蛇（10000元的巴西币）、马（10元的伊拉克币）、羊（10元的南非币）、猴（500元的印尼币）、鸡（1元的日币）、狗（100元的西班牙币）、猪（20元的巴布亚新几内亚币）。依十二生肖顺序分别罗列于下（图9-48~9-59，共12张）。

图 9-48

图 9-49

　　华人以十二生肖为计算年龄的单位，且十二生肖的排序方式据说是两两互为依存，相辅相生，可纳入"伦理学"的课程。

　　第一组是鼠与牛，老鼠代表机灵，牛代表勤劳，机灵和勤劳是相辅相成的，只有机灵而不勤劳，就是只会耍小聪明的投机分子；而只是勤劳，却不懂思考，则是愚昧的顽固分子。

第二组是虎和兔，老虎代表勇气，兔子代表谨慎。若勇气与谨慎结合，就能成就大事；如果空有勇气缺少谨慎，就会因鲁莽而坏事；若过于谨慎小心，会因为胆怯而丧失机会。

图 9-50

图 9-51

第三组是龙和蛇，龙代表刚烈神气，蛇代表柔软谦和。太刚强必定折损，但如果只会柔软应对，则会缺少主见；唯有刚柔并济方才有成大器的机会。

图 9-52

图 9-53

图 9-54

图 9-55

第四组是马和羊，马代表直奔目标、率真勇敢，羊代表和顺圆融。如果一个人只顾自己前进，不顾别人，则会引起周遭人的不满；反之，若只顾附和他人，最后会失去目标。所以，讲求目标和效率的特质一定要与和顺圆融并存。

图 9-56

图 9-57

　　第五组是猴与鸡，猴子代表灵活应变，鸡定时鸣叫，代表平稳安定。只有灵活，却缺少稳定，则会成效不彰；如果只是稳定，就如同一潭死水，缺少创新和改革；若两者能相互结合，以稳定性来保持整体秩序的和谐，以灵活的思考来创新，才是最圆满的状态。

第六组是狗和猪，狗代表忠心耿耿，猪代表和气相处。一个人如果太过于忠诚，不懂与每个人和气相处，就会不自觉地排挤他人；相反的，一个人太随和，就没有主见和原则。因此，忠诚度一定要与随和紧扣在一起，这就是华人所谓的谦谦君子，也是一个进退合宜的人才。

图 9-58

图 9-59

十二生肖在华人的思想中不只代表了相辅相成的概念，也表现了华人的哲学观。它将人区分成十二种性格，甚至认为从其所属的生肖即可以看出此人的个性。有些企业主管在面试新人时还会特别去了解面试者的生肖。生肖和职务间到底有何关联呢？依照民间流传大致区分如下：

生肖属龙、猴、鼠者的个性活泼，反应快速，活动能力强，善与人接触，最适合第一线的行销与业务工作。生肖属虎、狗、马的人个性细腻，对自我要求高，也勇于提出请求及拒绝不合理的要求，最适合采购发包、委外加工或服务的工作。生肖属牛、鸡、蛇者，其个性较木讷沉着，处事谨慎，较适合研发或文书工作，是二线工作的领航者。生肖属猪、兔、羊的人，个性平和、柔顺，做事有条不紊、踏实谨慎，适合后勤、法律与特别助理的工作。

除了个性、工作，十二生肖中的动物和人生阶段也有关联！古人曾说人生很像牛、狗、猴：年轻像牛，终日耕耘不得停歇；中年如狗，要顾守家园；老年如猴，退隐山林。若人生流程真能如此，应是有福之人！

在本书的尾声，我们要祝福所有读者真能如前文所述，年轻像牛，有体力奋斗，耕耘自己的梦田；中年如狗，有个安稳的家享受亲情；晚年能如猴子般灵活，以健康的体魄游戏山林！更希望读者读完本书后，不但能对金钱有正确的态度，更对世界各国的经贸、人物、自然、历史都有大略的了解，在金钱数字外更添一股人文气质。